Lo que dicen los lectores...

"La Adoración cotidiana está llena de la Escritura, bastante ingeniosa, esta narrativa es algo que debería leer cualquiera que quiera saber más acerca de lo que Aquel a quien adoramos, pide de nuestra adoración. Su amigable, llamativo contenido también la hace un instrumento excepcional para líderes de alabanza como modelo para usar y crear devocionales inspirativos para su equipo de alabanza."
— Dr. Marty Trammell, Presidente de Humanidades
Corban University
co-autor of *Redeeming Relationships*
and *Spiritual Fitness*

"Dios ha bendecido a Chris con una habilidad para compartir visiones profundas de nuestro camino en la fe, y al mismo tiempo utiliza su gran humor para conectarse con todos nosotros como si estuviéramos conversando tomando un café en Starbucks. Yo animaría a cualquier seguidor de Cristo a leer este libro y orar para que Dios nos de nuevas visiones a un estilo de vida en adoración más profunda, a una adoración cotidiana."
— Michael Bahn, Pastor de Alabaza y autor de canciones
River Valley Community Church, Grants Pass, Oregon

"Que simple y refrescante exploración de la ADORACION. Las palabras en estas páginas son libertadoras – ¡brindando igualmente una seriedad acerca del privilegio de la adoración, así como un gozo acerca de tener un estilo de vida en adoración cada día y a cada hora! Dios realmente se merece toda nuestra adoración y ¡que maravilloso es alabarle en todo lo que hacemos!"
— Brian Heerwagen, CEO
DELTA Ministries International

Adoración Cotidiana

Viviendo para capturar el corazón de Dios

by Chris Voigt

La Santa Biblia, Nueva Versión Internacional® NVI®
Copyright © 1999 by Biblica, Inc.®
Used by permission. All rights reserved worldwide.

El texto bíblico indicado con «NTV» ha sido tomado de la Santa Biblia, Nueva Traducción Viviente, © Tyndale House Foundation, 2010. Usado con permiso de Tyndale House Publishers, Inc., 351 Executive Dr., Carol Stream, IL 60188, Estados Unidos de América. Todos los derechos reservados.

ISBN-13 978-1514309704
ISBN-10 151430970X

Copyright 2012 por Chris Voigt
Versión en español copyright 2015 por Chris Voigt
Todos los derechos reservados.

Visite el website del autor en www.chrisvoigtworship.com.

Ninguna parte de esta publicación puede ser reproducida, almacenada en un sistema recuperable o transmitida en cualquier forma o por cualquier medio –sea electrónico, mecánico, fotocopia, grabación, o algún otro– a excepción de las citas breves en revisiones impresas, lo cual no necesita el permiso previo de la editorial.

Edición en español: Marlen Talledo

Diseño de la tapa: Duane Wagner

Ilustraciones: Amy Pearce

Fotos: Ryan Pierce/Ryan Pierce Photography; Darren Fisher/bigstock.com; Warren Goldswain/bigstock.com; Kuznetsov Dmitry/bigstock.com; Cecilia Hong Ming Lim/bigstock.com; Greg Crawford/bigstock.com; Galina Barskaya/bigstock.com; Viktor/bigstock.com; Sujin Ietkasettakorn/bigstock.com; Maxim Larin/bigstock.com

Tabla de contenidos

Agradecimiento especial 11
Prefacio 15

Capítulo 1
Nuestro propósito es la adoración 17

Capítulo 2
La adoración en terminus divinos 27

Capítulo 3
La adoración es una prioridad 41

Capítulo 4
La adoración demanda sacrificio 53

Capítulo 5
Adoración significa deleitar a Dios 65

Capítulo 6
La adoración require santidad 77

Capítulo 7
La adoración es una elección 97

Capítulo 8
La adoración es para un solo espectador . 111

Capítulo 9
La adoración es amar a otros 125

Capítulo 10
La adoración es un estilo de vida 139

A Susan,
quien confía en que puedo
conquistar el mundo para Jesús.

Agradecimiento especial

ME SIENTO ALGO ASÍ COMO UN GANADOR DEL OSCAR disponiendo solo de 30 segundos para agradecer a cada persona que ha sido parte de este proyecto. Es imposible recordar y menos aún dar reconocimiento a cada uno públicamente. Estoy seguro que olvidaré mencionar a alguien que ha sido fundamental en la formación de mi historia (considerar esto como una disculpa anticipada), y por lo tanto en la historia de esta obra. A pesar de ello, deseo dar un resumen, aunque no estoy siguiendo un orden definido al hacerlo.

Tengo el privilegio de trabajar con un increíble equipo de pastores y líderes en Dayspring Fellowship. Y quiero agradecerles, no solo por asumir el esfuerzo conmigo, sino también por animarme, y darme la libertad para llegar a ser todo lo mejor que Chris Voigt podría llegar a ser alguna vez. Gracias Dayspring por permitirme ser un instrumento por Jesús allí en la plataforma una semana tras otra.

Al equipo de Adoración de Dayspring: ¡El peñón! Mucho de lo que ustedes van a leer viene de "Directivas espirituales con el Pastor Chris", el tiempo devocional semanal que desarrollamos como equipo de adoración. Su apoyo ha sido inspirador.

Michelle, gracias por tu constante apoyo y determinación al prestarme tu talento para formular las preguntas de reflexión al final de cada capítulo.

Larry, gracias por ser el hierro que aguza este hierro que soy yo (Prov. 27: 17).

A mi equipo de liderazgo: Gracias, porque orando, animándonos, y trabajando uno al lado del otro, es como hicimos realidad el conjunto de estos principios. Aaron y Hur (ustedes saben quiénes son ellos); en fin, las palabras no son suficientes para expresar cuánto significan para mí.

Ryan, sé que hay más de cuatro capítulos e insuficiente fotografías, ¡léelo de todos modos! De otra manera nunca sabrás en dónde se hace referencia a ti. Gracias por ser el Jonatán a este David que soy yo (o ¿yo soy Jonatán y tú eres David? Nunca puedo recordarlo bien).

Debo especial gratitud a mi amiga, Lori, quien creyó en mí (tantas veces más de las que yo mismo me creí) por diez años. Ella creía tanto como para dedicar su tiempo, hora

Agradecimiento Especial

tras hora, leyendo y editando cada borrador de este libro. Tú eres una santa, hermana.

Gracias a mis padres y mis suegros. Ustedes han sido una increíble bendición durante toda mi vida. Gracias por el amor que nos dieron. Gracias, abuelita Carol (ella es la abuela con la que se familiarizarán en el desarrollo de esta lectura). Ella desea que cada uno de ustedes sepa que no es parte de todo este asunto llamado cristianismo. No te preocupes, abuelita, aun así te amamos.

A mis hijos, Lexi y Josh: ustedes me son más preciosos que el oro y la plata (aunque, claro, me gustaría tener algo de eso también). Ustedes son mi inspiración para llegar a ser el mejor papá y esposo que un hombre puede llegar a ser.

DeeDee, eres la mejor esposa y compañera de vida que un hombre puede esperar tener. Yo estaría en nada si no me empujaras, alentándome y animándome un año tras otro. Tú haces de mí un mejor hombre.

Prefacio

LA ADORACION ES COMPLETAMENTE PARA Y ACERCA DE DIOS. Punto y aparte, fin de la historia. Al mismo tiempo, la mejor adoración integra la historia de Dios en nuestras historias particulares. Cuando las dos se juntan, tejen un transformador relato épico que captura su corazón mientras rendimos el nuestro a Él.

Contrario a la creencia común, la música no es adoración. La música puede expresar adoración, pero la adoración existe independientemente de ella. Este libro no es acerca de la música. Es la historia de cómo un hombre trata de modelar su vida como un acto cotidiano de adoración. Es mi esperanza que pueda inspirarte a hacer lo mismo. Esta es la razón por la que he procurado hacerla corta y simple, para que puedas leerla. Con la ayuda de algunos amigos, he incluido algunas preguntas para tu reflexión, a fin de que tejas tu propio relato épico transformador.

No he escrito este libro para impresionar a nadie. No pretende ser una teología de la adoración (aunque vas a encontrar algo de ella en él). Nunca será un bestseller. Es una carta de amor dirigida a mi Salvador. Mi oración es que tú llegues a ser un adorador como David, viviendo para capturar el corazón de Dios.

Chris Voigt
Abril 2012

Capítulo 1
Nuestro propósito es
la adoración

Cuando era niño me deleitaba pasar los sábados con mi abuela. El sábado era siempre un día para lavar, y con cinco hijos en casa además de mi abuelo, había siempre mucho que lavar.

Lo que hacía tan singular el día de lavado con mi abuela era la máquina que tenía, si pudiese llamarse una máquina. Verás, la abuela usaba una lavadora que exprimía las prendas con rodillos manuales. Cómo me gustaba girar la manija para ayudarle a exprimir la ropa antes de tenderlas en el cordel. No estoy seguro si yo era de alguna ayuda, pero la abuelita nunca se quejó de que estuviera allí. Ella solo me regañaba cuando trataba de poner demasiada ropa a través de la exprimidora o cuando alguna prenda quedaba atrapada.

Recuerdo aquel día especial cuando mi abuela llegó a tener una nueva lavadora. Era una que traía el exprimidor activado por un motor eléctrico. Mi abue' saltaba sobre un pie. Con el correr de los años nunca entendí porqué mi abuelita no tuvo una moderna Maytag. Cada vez que le pregunté acerca de ello, me respondía "¿Por qué habría de necesitar una nueva lavadora cuando esta trabaja tan bien?" En realidad, recién cuando cursaba mis estudios superiores (a finales de los 80) ella se compró una superlavadora y finalmente tuvo tiempo para relajarse un poquito los sábados.

No hace mucho le pregunté, "¿Qué invento ha impactado más a la sociedad de tu generación?" Habiendo empleado tantos sábados ayudándola en la lavandería, estaba seguro que su respuesta sería "la moderna máquina lavadora". Pero estaba equivocado. Era el refrigerador.

La invención del refrigerador cambió para siempre el modo en que compramos, comemos y almacenamos el alimento. Para una superabuela como la mía, que gastaba más horas de las que nos podemos imaginar cuidando su huerto, preparando y envasando las conservas de frutas y vegetales, poder almacenar los alimentos era algo muy

Nuestro propósito es la adoración

importante. La refrigeradora fue inventada para un noble propósito: facilitar la vida de las personas.

Admito que un refrigerador tiene otros usos potenciales también. Al terminar su vida útil, podrías usar la caja como un macetero en tu jardín o como un armario para guardar cosas. En la película *Indiana Jones y el reino del cráneo de cristal* Indy usa una refrigeradora para preservarse a sí mismo durante una prueba nuclear (en serio, no trates de hacer esto en tu casa, ja,ja).

Todo invento tiene un propósito... ahorrar tiempo, dinero, esfuerzo... o quizás provocar alguna carcajada.

¿Sabías que alguien ha 'inventado' agua en polvo? Solo tienes que añadirle agua, y ¡listo! tienes agua. Bueno, de acuerdo, casi todo tiene un propósito.

¿Te has puesto a pensar acerca de tu propósito? ¿para qué te creó Dios? ¿cuál es tu propósito?

Y ¿estás cumpliendo el propósito para el cual fuiste creado? O ¿estás equivocando tu razón de ser, al igual que un refrigerador cuando es usado como un macetero?

Significado solo puede ser encontrado cuando vivimos a la manera para la cual fuimos creados.

La evidencia cultural –tanto dentro de la iglesia como fuera de ella– nos indica que mucha gente está todavía buscando su propósito. Languidecemos en la búsqueda de significado, y difícilmente entendemos que el significado solo puede ser encontrado cuando vivimos a la manera para la cual fuimos creados. Nuestra búsqueda de significado puede compararse con la infructuosa caza de un ganso silvestre. Miramos por todas partes, excepto al único lugar en el que nuestros más profundos anhelos pueden ser satisfechos y nuestro propósito puede ser alcanzado.

¡Alabado sea Dios! Él no ha escondido las respuestas que buscamos. Tan solo necesitamos mirar en Su Palabra:

Porque por medio de él fueron creadas todas las cosas en el cielo y en la tierra, visibles e invisibles, sean tronos, poderes, principados o autoridades: todo ha sido creado por medio de él y para él. Colosenses 1:16 [NVI, énfasis mío]

Trae a mis hijos desde lejos y a mis hijas desde los confines de la tierra. Trae a todo el que sea llamado por mi nombre, al que yo he creado para mi gloria, al que yo hice y formé. Isaías 43:6-7 [NVI, énfasis mío]

Nuestro propósito es la adoración

> *Es más, dado que estamos unidos a Cristo, hemos recibido una herencia de parte de Dios, porque él nos eligió de antemano y hace que todas las cosas resulten de acuerdo con su plan. El propósito de Dios fue que nosotros, los judíos —que fuimos los primeros en confiar en Cristo—, <u>diéramos gloria y alabanza a Dios</u>.* Efesios 1:11-12. [NTV, énfasis mío]

> *Tú eres digno, oh Señor nuestro Dios, de recibir gloria y honor y poder. Pues tú creaste todas las cosas, <u>y existen porque tú las creaste según tu voluntad</u>.* Apocalipsis 4:11 [NTV, énfasis mío]

> **Fuimos creados para Su deleite... creados para deleitar a Dios.**

Cómo me gusta este último pasaje. Fuimos creados para Su deleite... creados para deleitar a Dios. Fuimos creados para alabarle. Fuimos creados para adorar.

La adoración es integral a la esencia misma de nuestra existencia. Es una parte de nuestro ADN espiritual. En el transcurso de nuestra vida gastamos enormes cantidades de energía –en realidad, casi a cada momento– adorando (tal vez podrías cuestionarme alegando que una posible excepción sería cuando dormimos). La pregunta correcta nunca es, "¿adoraré?", sino, "¿qué estoy adorando?"

Para muchos de nosotros la respuesta es: "a mí mismo". En efecto, somos expertos en complacernos a nosotros mismos, lo cual sería perfecto si hubiésemos sido creados para ser adorados. ¡Pero, no! Nosotros no somos los patrones.

Fui contratado para mi primer trabajo durante el verano en una ferretería local, cuando tenía quince años. Debía almacenar los productos en las estanterías, colocando en sus respectivos lugares cosas tales como podadoras de césped, parrillas asadoras, y mezclar pintura entre otras cosas. En mi primer día 'me arrojaron a los lobos', justo acababa de llegar el camión de entregas y me asignaron una sección completa del almacén para distribuir los productos y artefactos que habían llegado.

Había miles de paquetes que tenía que contar, registrar, organizar y ubicar en los estantes. Sentí como si alguien, hubiera tirado un vaso de vidrio en el piso de cemento, y me encargara reunir todos los pedazos y pegarlos de nuevo. No sabía cuán rápido debía hacerlo, o cuán perfecto debía lucir

Nuestro propósito es la adoración

cada cosa en los estantes. En la mayoría de los casos, ni siquiera había escuchado el nombre de algunos productos.

No entendía muchas cosas, pero de algo estaba seguro: quería agradar a mi nuevo jefe. Jamás hubiera soportado el ser despedido en mi primer día. Entendía que si quería tener éxito, debía aprender a complacer a mi jefe. Justo cuando aprendí a hacer bien mi trabajo... terminó el verano.

No sé en cuanto a ti, pero sí, soy muy bueno para reconocer lo que me trae placer: una hermosa casa, un auto de lujo, un cuadro familiar en la pared, mucho tiempo para distraerme, paz en mi entorno y una 'Diet Coke' (Coca-Cola Diet) sobre la mesa de mi oficina. Estoy seguro que tienes tu propia lista.

Esta es la clave del problema. Desde la caída del hombre, gastamos demasiado de nuestra vida corriendo en círculos buscando complacernos. Siempre estamos en el esfuerzo de atrapar la próxima cosa que satisfaga nuestros más profundos deseos. Miramos por todas partes, menos en el único lugar donde podemos realmente encontrar lo que estamos buscando.

Supongo que el punto aquí, sería aquello que no está en mi lista, es decir, buscar complacer a Dios. Lamentablemente, muy pocos de nosotros intentamos siquiera imaginar qué le complace a Dios. Son tan pocos los que viven sus vidas como un acto de adoración a Dios; nuestro mundo sería completamente diferente si lo hiciéramos.

Relegamos la adoración a aquellos pocos minutos de canto antes del mensaje en el servicio de una iglesia, y pensamos que con ello hemos cumplido con nuestra obligación de adorar.

Si la adoración consiste exclusivamente en buscar el deleite de Dios, y queremos ser serios en esto, entonces debemos entender exactamente, qué es lo que le produce complacencia a Dios.

Descubriremos que no hay una norma de procedimientos. La adoración no es una lista de reglas a seguir. Si fuera así de simple, sería tan manejable. La adoración es un vivir, un vivir respirando dinamismo en la particular relación que cada uno de nosotros tiene con Dios.

Nuestro propósito es la adoración

Para nuestra reflexión:

1. ¿Cuál es tu propósito?

2. ¿Qué significa adoración para ti?

3. ¿A qué o a quién estás continuamente adorando?

4. ¿A quién estás tratando de complacer? ¿Cómo?

5. ¿Qué causa placer en tu vida?

6. ¿Qué provoca placer o deleite de Dios en tu vida?

Capítulo 2

La adoración
en términos divinos

Cómo me gusta la 'Diet Coke'. No digo que tenga una simple preferencia por este tipo de bebida. Lo que digo es que realmente me encanta tomar 'Diet Coke'. Desde 1987, luego de asistir a mi cita con el dentista, 'Diet Coke' ha sido mi bebida preferida. Lo que empezó como una forma para disminuir mi consumo de azúcar, se ha transformado en algo mucho más importante.

Yo suelo beber bastante cada día. Soy tan fiel, que escojo restaurantes basado en el hecho de si venden o no productos de Coca Cola. Puedo tomar las otras bebidas de dieta, pero solo si es que tengo que hacerlo, y cuando lo hago, me siento desleal. También bebo otras cosas, como agua, y frecuentemente; pero, cuando se trata de una bebida con sabor ¡la 'Diet Coke' es la que vale! Hace unos pocos años empecé mi propia colección de latas de 'Diet Coke' de todo el mundo. Regresé de Italia con una lata de Coca Cola Light y con la idea de que es incomparable. Desde entonces, los amigos me han ayudado, me traen latas de lugares como Dubai, Malasia, Grecia, Israel y otros exóticos lugares. Tengo una botella original de 'Diet Coke' de 1983, el año en el que empezaron a producirlas. Tengo otra botella conmemorativa de sus 25 años. Mi amigo, Merle, incluso usó su nuevo torno para moldear una pieza hermosamente pigmentada de roble en una artística réplica en madera de una botella de 'Diet Coke'.

La adoración en términos divinos

Podrías decir que mi apego a la Diet coke es una adicción, o quizás una obsesión, pero yo lo llamo 'perfection on the rocks' {calificativo que se da a una bebida refrescante que está en su punto de frescura}.

Si tienes que ser honesto, tú también tienes una obsesión. Puede ser salir de compras, algún deporte, los video-juegos, o aun el Facebook. Tienes algo que gobierna tu atención y tu interés.

Tenemos la tendencia a pensar de una obsesión como algo negativo. Pero fuimos creados para tener una obsesión. Solo que nos obsesionamos con las cosas equivocadas. Nos enfocamos en cosas que nos traen placer, pero deberíamos enfocarnos en las cosas que le traen placer a Dios, que lo complacen.

A fin de empezar a entender lo que complace a Dios, vamos a abordar al entendimiento de, lo que yo creo, es uno de los pasajes más difíciles de entender en cuanto a la adoración.

Lo encontramos en el libro de II Samuel. I y II Samuel nos relatan algo de la historia de Israel en el período de transición entre el liderazgo de los profetas, como Samuel, a los reyes.

Una explicación previa nos ayudará a entender mejor

el pasaje.

Cuando los israelitas dejaron Egipto, muchos años antes de la historia que analizaremos (puedes leer el libro de Éxodo para más información), Dios les enseñó lo que se requería para tener una buena relación con Él. Mientras estaban en el desierto, le entregó a Moisés, el primer líder de la nación de Israel, los planos de un tabernáculo en donde ellos lo adorarían. También le dio a Moisés el diseño de todos los artículos que serían necesarios en el tabernáculo, incluyendo un arcón que llegaría a ser conocido como el Arca del Pacto. Indiana Jones lo hizo famoso en su película "Indiana Jones y el Arca Perdida", ¿recuerdas?

No estoy seguro si alguien sabría exactamente cómo era el Arca, porque ha estado perdida por más de dos mil años. Todavía existe, pero está en algún lugar oculto, y hay mucha especulación acerca de su ubicación actual.

Tenemos una descripción general sobre ella en Éxodo 25. Era un arcón que medía casi cuatro pies de largo. En la parte superior llevaba dos querubines mirándose el uno al otro, con sus alas encontrándose en el medio. Estaba recubierto con oro y tenía cuatro argollas doradas –dos en cada lado– suficientemente amplias como para introducir por ellas dos sólidas varas que facilitarían su transporte.

La adoración en términos divinos

Para los israelitas, el Arca representaba la presencia de Dios, y era uno de sus objetos más santos de adoración. Dondequiera que el Arca estaba, Dios estaba. En efecto, en muchas ocasiones ellos la llevaron al campo de batalla porque creían que si Dios estaba con ellos, jamás perderían. Bueno, ellos pensaban así. Deberías leer algo de este registro histórico por ti mismo para aprender más.

El rey David, segundo rey de Israel, decidió establecer la capital de su reino en Jerusalén. Y David, el más famoso adorador en la historia, naturalmente quería estar junto a la presencia de Dios. Así pues, en esta parte de nuestra historia, encontramos a David en el proceso de traer el Arca desde Balá hasta Jerusalén.

Una vez más, David reunió los treinta batallones de soldados escogidos de Israel, y con todo su ejército partió hacia Balá de Judá para trasladar de allí el arca de Dios, sobre la que se invoca su nombre, el nombre del Señor Todopoderoso que reina entre los querubines. Colocaron el arca de Dios en una carreta nueva y se la llevaron de la casa de Abinadab, que estaba situada en una colina. Uza y Ajío, hijos de Abinadab, guiaban la carreta nueva que llevaba el arca de Dios. Ajío iba delante del arca, mientras David y todo el pueblo de Israel danzaban ante el Señor con gran entusiasmo y cantaban al son de arpas, liras, panderetas, sistros y címbalos. II Samuel 6:1-5 [NVI]

Imagínate la plaza Times Square en la ciudad de New York en la noche de Año Nuevo. Es la fiesta de las fiestas... bulliciosa, desenfrenada, caótica. La expresión 'toda la casa de Israel' (vs. 5) significa 'todos y cada uno', no tan solo los treinta mil soldados, todos vinieron a congratularse con el retorno de 'Dios' a Israel. La presencia de Dios era digna de celebrarse.

Y entonces, en medio de la celebración dice:

A l llegar a la parcela de Nacón, los bueyes tropezaron; pero Uza, extendiendo las manos, sostuvo el arca de Dios. Con todo, la ira del Señor se encendió contra Uza por su atrevimiento y lo hirió de muerte ahí mismo, de modo que Uza cayó fulminado junto al arca. David se enojó porque el Señor había matado a Uza, así que llamó a aquel lugar Peres Uza, nombre que conserva hasta el día de hoy. II Samuel 6:6-8 [NVI]

Leo este pasaje, y hay una parte que me hace sentir como que esto es injusto. Uza solo estaba tratando de ayudar. Él

La adoración en términos divinos

sabía lo que el Arca representaba. Conocía su valor para toda la nación. Probablemente era el único entre toda esa multitud que todavía estaba atento a lo que sucedía. Todos los demás ya ni se percataban. Sin su ayuda, el Arca habría caído al suelo, se hubiera llenado de polvo y posiblemente roto.

Cualquier persona razonable se preguntaría, "Dios, ¿realmente qué está sucediendo?"

Volvamos a Éxodo otra vez. Las instrucciones que Dios dio a Moisés fueron muy claras. El Arca debía ser transportada por sacerdotes, los cuales procedían del linaje de Leví. Ellos debían cargarla usando varas diseñadas para ser introducidas por las abrazaderas o argollas doradas ubicadas a los costados del Arca. Nunca debía relegarse esta labor a una carreta jalada por bueyes. Era un mueble santo, y se había confiado al cuidado y atención de los sacerdotes solamente.

He aquí el error de David. Desde el principio de la jornada ellos estaban desobedeciendo la Palabra de Dios. David siguió un procedimiento común para algo que no era común.

Y Uza completó el desastre. Él no era sacerdote, era un soldado. No tenía derecho de tocar el Arca, y lo sabía.

Estamos mal enfocados si alguna vez pensamos que Dios necesita salvación. Somos nosotros los que necesitamos ser salvados por Él.

> Dios decide lo que es, o no es, adoración. Nosotros finitivamente, no tenemos nada que decir o añadir al asunto.

Y esto nos conduce al corazón de la adoración. David Peterson, en su libro Engaging with God (Comprometido con Dios) dice: "La adoración del Dios vivo y verdadero es esencialmente un compromiso con Él, en los términos que Él establece, y en la manera que tan solo Él lo hace posible". Si queremos comprometernos con Dios debemos hacerlo en Sus términos. No hay punto medio.

Dios decide lo que es, o no es, adoración. Nosotros definitivamente, no tenemos nada que decir o añadir al asunto.

La adoración en Sus términos significa que debemos hacerlo a Su manera. El Catecismo de Westminster que data del siglo XVI, declara lo siguiente: "El fin principal del hombre es glorificar a Dios, y gozarle para siempre". Si esto es verdadero, entonces Su voluntad es que hagamos de la

La adoración en términos divinos

adoración nuestra Santa Obsesión. Deberíamos tener una mente con una sola orientación o dirección. Debería todo ser adoración... todo el tiempo.

Muchos de nosotros no pensamos así de la adoración. Dividimos nuestra vida en departamentos y pensamos que la adoración es lo que hacemos cuando nos congregamos en la iglesia y cantamos. Así pues, si no estamos en la iglesia cantando, concluimos que no estamos adorando. Caemos en la trampa de creer que la adoración es aquello relacionado a la música, la oración y las actividades en la iglesia; por tanto, lo que hacemos con el resto de nuestro vida no tiene que relacionarse con la adoración.

Si es que lees el Antiguo Testamento te darás cuenta que este tipo de pensamiento era tan común entonces como lo es ahora. Y observarás cuán ofensivo es esta clase de pensamiento delante de Dios.

Demos rápidamente una mirada a tres pasajes que confirman lo que acabo de decir.

En el libro de Miqueas, escuchamos las palabras del Señor cuando acusa a Israel por tenerlo en poco y menospreciar su relación con Él:

¿Cómo podré acercarme al Señor y postrarme ante el Dios Altísimo? ¿Podré presentarme con holocaustos o

con becerros de un año? ¿Se complacerá el Señor con miles de carneros, o con diez mil arroyos de aceite? ¿Ofreceré a mi primogénito por mi delito, al fruto de mis entrañas por mi pecado? ¡Ya se te ha declarado lo que es bueno! Ya se te ha dicho lo que de ti espera el Señor: Practicar la justicia, amar la misericordia, y humillarte ante tu Dios. Miqueas 6:6-8 [NVI]

Para ponerlo en nuestros términos: ¿Deberíamos venir a la iglesia, cantar, aplaudir, vitorear hasta que tiemble la tierra, bajo el pensamiento de que esto agrada a Dios; y luego, vivir a nuestra manera fuera de la iglesia? ¡Oh hombre, Él te ha manifestado! Debemos hacer justicia, amar la misericordia, y humillarnos ante nuestro Dios. Hacer esto es adoración.

En Jeremías encontramos a Dios, otra vez, rechazando a Israel, porque ellos lo rechazaron a Él primero:

Escucha, tierra: Traigo sobre este pueblo una desgracia, fruto de sus maquinaciones, porque no prestaron atención a mis palabras, sino que rechazaron mi enseñanza. ¿De qué me sirve este incienso que llega de Sabá, o la caña dulce de un país lejano? Sus holocaustos no me gustan; sus sacrificios no me agradan. Jeremías 6:19-20 [NVI]

La adoración en términos divinos

Otra vez, nuestras ofrendas son aceptadas, no en razón a que las damos, sino porque escuchamos y obedecemos al Dios a quien servimos. Por tanto, nuestras ofrendas son la extensión de una auténtica vida de adoración.

En este último pasaje, en II Crónicas, encontramos a Israel preparándose para celebrar la Pascua por primera vez desde que Ezequías restauró el Templo:

En efecto, mucha gente de Efraín, de Manasés, de Isacar y de Zabulón participó de la comida pascual sin haberse purificado, con lo que transgredieron lo prescrito. Pero Ezequías oró así a favor de ellos: «Perdona, buen Señor, a todo el que se ha empeñado de todo corazón en buscarte a ti, Señor, Dios de sus antepasados, aunque no se haya purificado según las normas de santidad. II Crónicas 30:18-19 [NVI]

Aquí vemos que no es nuestra perfección lo que Dios requiere. Para los israelitas, era un asunto muy serio estar impuros para la Pascua. Los impuros no debían participar en ella, por tanto, ellos harían cualquier esfuerzo para purificarse antes de la Pascua. Pero para Dios, era más importante que tuvieran un corazón que lo busca. Un corazón que lo busca es más importante que la pureza exterior. Un corazón que lo busca es adoración.

En nuestros corazones sabemos que somos llamados a hacer de nuestra adoración una Santa Obsesión. Pero nuestra cabeza y el resto de nuestro ser está en constante batalla al definir lo que es aceptable para Dios. Tomamos desvíos y buscamos el modo más fácil porque '60% es mejor de lo que mucha gente le ofrece a Dios', por tanto, tan pronto como nos consideramos más altos que eso, no hay problema, estamos bien.

Lamentablemente, el resultado es mucho menor que la Santa Obsesión en la que debemos convertir nuestra relación con Dios. Y terminamos robándole a Dios y privándonos a nosotros mismos, de una profunda y significativa conexión.

La adoración en términos divinos

Para nuestra reflexión:

1. ¿Qué es lo que normalmente domina nuestra atención o interés?

2. ¿Hay cosas en tu vida que impiden que busques a Dios de todo corazón? ¿Cuáles?

3. Hay algún área en tu vida en la que reconozcas estar tratando de "ayudar" a Dios?

4. Define tres nuevas maneras en las que podrías adorar a Dios.

Capítulo 3
La adoración
es una prioridad

No hace mucho subimos nuestros niños al carro y emprendimos nuestro casi anual viaje a la región oriental de Oregon donde vive nuestra familia. El viaje le da a nuestros hijos, que son chicos de ciudad, la oportunidad de experimentar la vida un poco diferente, y a nosotros, de liberarnos del barullo de nuestra apretada rutina.

Aunque las visitas a la casa de la abuela ya no incluyen las emociones de ayudar a pasar la ropa por el exprimidor de la lavadora, siempre están llenas de otras bendiciones.

Cada mañana la abuela y el abuelo se levantan como a las 5 a.m. Tal como ella lo ha hecho casi cada día por más de 50 años, la abuela prepara el desayuno para el abuelo y así inician su día. Cerca de las ocho, los niños se levantan. La abuela, quien ya ha limpiado la cocina del primer desayuno, amorosamente prepara el desayuno para los niños, les sirve, y limpia los trastes.

Yo me levanto cerca de las 9 a.m. La misma abuela, la misma 'historia' – panqueques, su aderezo de papas y cebollas en la sartén, huevos fritos, fruta fresca (fresas, si ha podido conseguirlas), jugo de naranja y tocino. Mucho tocino, porque la abuela sabe cuánto me gusta el tocino. No me pregunten a qué hora se levanta mi esposa, lo concreto es que cuando esto ocurre, la abuelita desarrolla la misma rutina para ella.

Así ha sido siempre que hemos visitado a los abuelos. Ella sabe lo que cada uno de nosotros prefiere y se asegura de tenerlo para cuando la visitamos. Me gustaría pensar que solo a mí me da este increíble servicio, pero no es así, sé que ella sirve a cada persona que atraviesa el umbral de su puerta con el mismo corazón.

Es lo mismo en la cena. La abuelita sabe cuánto me gusta el pavo y los arándanos. No es que va a la tienda y compra una conserva de arándanos. No. Ella busca la fruta natural. Una cena de verano incluso puede estar colmada con las especialidades del Día de Acción de Gracias, con alimentos cocidos al gusto de cada persona en la mesa.

La adoración es una prioridad

Y hasta prepara jamón debido a que el abuelo no es tan fanático del 'turkey' (pavo al horno).

Como una expresión de su amor para quienes llenan su corazón, la abuela se asegura de atendernos con una comida digna de reyes. Ella podría alimentarnos con lo que sea sin que notáramos la diferencia, después de todo la comida rápida era algo común para nosotros. Y para nosotros, la buena sazón de la abuelita es 'buena sazón de la abuelita' no importa lo que nos presente. Pero si así lo hiciera, ella sabría la diferencia. Lo que hace refleja el estado de su corazón. Ofrecer cualquier cosa menos que no sea lo mejor de sí misma y de sus habilidades, no es algo que está en su carácter.

Así como me deleito con una cena recién preparada en el 'Día de Acción de Gracias' o en cualquier época del año, nunca disfruto una comida del día anterior, la guardada, 'las sobras'. Generalmente, esta es puesta en el refrigerador hasta que llega el tiempo de tirarla. Sé que les puede parecer raro a muchos, pero nada puede compararse a una exquisita comida recién preparada y caliente. La comida guardada o 'las sobras' son un pobre sustituto para lo primero... aun 'las sobras' de la abuela.

Algunos de ustedes podrían sentirse horrorizados que

hable tan rudamente de la comida guardada. La pizza fría generalmente encabeza esta lista y definitivamente nunca podrás convencerme de que la pizza fría guardada es tan buena como una humeante pizza caliente, con el queso derritiéndose, toda fresca del horno.

Es así como nos sentimos acerca de todo en la vida. Todo lo queremos 'nuevo'. Aceptamos lo usado cuando 'no tenemos de otra' y podríamos aun gozarlo y ser felices con ello. Sin embargo, al final del día, es 'lo nuevo' lo que quisiéramos. Hay algo acerca de 'lo usado' que nos hace sentir como que valemos menos.

Dios siente lo mismo acerca de la adoración.

Malaquías fue un profeta del Antiguo Testamento que escribió a los israelitas después que ellos retornaron del exilio en Babilonia. No solo retornaron de Babilonia, sino que también retornaron a sus viejos caminos.

Fueron enviados al exilio debido a que rechazaron al Dios que los escogió. En los días de Malaquías ellos estaban volviendo al mismo camino, tomando las mismas fatales decisiones que condujeron a sus padres y abuelos a la tragedia.

El mensaje de Malaquías, enviado como una llamada de advertencia de parte de Dios, los confrontó acerca del pecado que estaban abrazando, demandándoles volver a sus raíces. De buenas a primeras, esto es lo que Dios les dice acerca de su adoración:

El hijo honra a su padre y el siervo a su señor. Ahora bien, si soy padre, ¿dónde está el honor que merezco? Y si soy señor, ¿dónde está el respeto que se me debe? Yo, el Señor Todopoderoso, les pregunto a ustedes, sacerdotes que desprecian mi nombre. Y encima preguntan: "¿En qué hemos despreciado tu nombre?" Pues en que ustedes traen a mi altar alimento mancillado. Y todavía preguntan: "¿En qué te hemos mancillado?" Pues en que tienen la mesa del Señor como algo despreciable. Malaquías 1:6-7 [NVI]

Estas son palabras fuertes. Dios no está jugando, ¿lo entiendes?

En cualquier circo generalmente hay un payaso con la habilidad de hacer girar platos en el extremo de una vara larga. Hacer girar un plato de esta manera es de por sí asombroso, pero la función sigue con él añadiendo nuevos platos sobre su respectiva vara hasta que haya demasiados girando, como para manejarlo. Él entretiene a la multitud corriendo de un lado a otro mientras los platos pierden velocidad y se bambolean, tratando frenéticamente de evitar que caigan al piso y se despedacen.

Como tales payasos, nosotros gastamos la mayor parte de nuestra vida girando demasiados platos, manejando múltiples prioridades y otras expectativas ajenas. Tratamos frenéticamente de evitar que nuestros platos caigan al suelo y se hagan añicos.

Nuestro error es que tratamos a Dios como si fuera uno de los platos.

Cuando actuamos así, degradamos a Dios a la misma categoría de nuestra liga comunal, de la tarea de cortar el césped y de nuestras actividades de entretenimiento.

Como dijimos al principio, la adoración no debería ser una de nuestras prioridades. Debería ser nuestra única prioridad, nuestro único plato. Todo lo que hacemos debería fluir de una vida de adoración.

En lugar de ello, terminamos viviendo como los sacerdotes del pasado, ofreciendo una mezquina e indigna adoración.

Ustedes traen animales ciegos para el sacrificio, y piensan que no tiene nada de malo; sacrifican animales cojos o enfermos, y piensan que no tiene nada de malo.

Malaquías 1:8a [NVI]

La ley del Antiguo Testamento requería que los animales

La adoración es una prioridad

para el sacrificio fueran perfectos, sin mancha, intachables. En nuestra vida urbana de chicos o chicas de ciudad, no entendemos el significado de este requerimiento.

Las ovejas perfectas no vienen a montones. Muchas ovejas tienen defectos. Hay más de treinta defectos genéticos reconocidos en las ovejas, desde defectos en la mandíbula, en el glande del ojo, hasta otros que ni vale mencionar. Incluso el color y la calidad de la lana puede ser considerada defectuosa. Las ovejas perfectas son criadas y conservadas por muchos años y son increíblemente valiosas.

En su libro *Scouting the Divine* (*En búsqueda de lo divino*), Margaret Feinberg dice, "Cuando Dios demandaba por la oveja sin tacha, mancha o defecto, Él estaba pidiendo a la gente no solamente ofrecer lo mejor de sí, sino también sacrificar algo que ellos habían demorado años en lograr".

Ofrecer una oveja que estuviera ciega, enferma, inválida o coja era ofensivo para Dios. Era como ofrecerle 'las sobras'.

No sé de ti, pero yo fui criado para dar lo mejor de mí —mi mejor jugada— en todo lo que haga. Esto no significa que cada cosa resulte siempre perfecta. Solamente hago lo mejor que puedo con las herramientas y conocimiento que tengo en el momento dado. Cualquier cosa menos que eso es mala reputación de mi carácter.

> En nuestra adoración somos llamados a ofrecer lo mejor de nosotros a Dios. Cualquier cosa menos que eso es mala reputación a nuestro carácter.

En nuestra adoración somos llamados a ofrecer lo mejor de nosotros a Dios. Cualquier cosa menos que eso es mala reputación a nuestro carácter.

Quizás porque no podemos 'verlo' pensamos que no importa, Él no lo notará, 'ojo que no ve, corazón que no siente'. O simplemente, no pensamos en la adoración hasta que estamos sentados en las bancas, y terminamos minimizando la parte que damos a Dios.

¿Por qué no tratan de ofrecérselos a su gobernante? ¿Creen que estaría él contento con ustedes? ¿Se ganarían su favor? —dice el Señor Todopoderoso—. Ahora pues, traten de apaciguar a Dios para que se apiade de nosotros. ¿Creen que con esta clase de ofrendas se van a ganar su favor? —dice el Señor Todopoderoso—. ¡Cómo quisiera que alguno de ustedes clausurara el templo, para que no encendieran en vano el fuego de mi altar! No estoy nada contento

La adoración es una prioridad

con ustedes —dice el Señor Todopoderoso—, y no voy a aceptar ni una sola ofrenda de sus manos. Malaquías 1:8b-10 [NVI]

¡Ofrendan a Dios las sobras! Debido a que la mayoría de nosotros vivimos con tan poco margen o espacio, todo lo que nos queda para ofrendar, son las sobras. Estamos cansados. Gastamos nuestras vidas trabajando, ocupados en el programa deportivo de nuestros niños, en sus lecciones de piano, reuniones de amigos, podando el césped, campamentos, videojuegos, entretenimiento – y puedes llenar lo que queda con la actividad de tu elección. Llenamos cada momento del día con algo, de tal manera que no nos queda espacio o energía emocional para acomodar todo esto en el contexto de la adoración.

La adoración queda reducida a los veinte minutos de canto cuando vamos a la iglesia el domingo (si contamos con la energía y ánimo suficiente para ir a la iglesia). Así, no tenemos el marco mental para entregarnos física, emocional e intelectualmente en adoración a Dios.

Como resultado, robamos a Dios la honra debida a su nombre, e igualmente nos privamos de la renovación espiritual que disfrutamos cuando nuestras vidas están orientadas según Su propósito. Nuestras egocéntricas vidas hacen de la adoración una actividad orientada a nosotros más que a Él. Esta no es una sabia elección.

Porque desde donde nace el sol hasta donde se pone, grande es mi nombre entre las naciones. En todo lugar se ofrece incienso y ofrendas puras a mi nombre, porque grande es mi nombre entre las naciones —dice el Señor Todopoderoso—. Pero ustedes lo profanan cuando dicen que la mesa del Señor está mancillada y que su alimento es despreciable. Y exclaman: "¡Qué hastío!" Y me tratan con desdén —dice el Señor Todopoderoso—. ¿Y creen que voy a aceptar de sus manos los animales lesionados, cojos o enfermos que ustedes me traen como sacrificio? —dice el Señor —.

Malaquías 1:11-13 [NVI]

Aunque estoy bastante seguro que muy pocos al leer esto piensen que son superiores al Dios Todopoderoso, igualmente estoy seguro que muchos de nosotros no honramos a Dios como deberíamos.

Conforme vayamos avanzando nos sumergiremos profundamente en lo que debería ser una vida de adoración. Por ahora, piensa en las barreras u obstáculos que te impiden vivir como Dios te ha llamado a vivir.

La adoración es una prioridad

¿Has estado deambulando por allí y dando a Dios 'las sobras'?

¿Es posible que necesites simplificar tu vida a fin de que puedas disponer de la energía física y emocional para conectarte con Dios más regularmente? ¿Estás conectado con él por medio de su Santa Palabra?

Hasta donde hemos llegado ya establecimos el fundamento para la adoración. Dios nos creó para glorificarlo. Él es el que decide lo que le trae o no gloria. Dios espera lo mejor de nosotros, no lo que nos sobra.

A partir de este momento nos ocuparemos en definir lo que es realmente la adoración.

Para nuestra reflexión:

1. ¿Hay espacio en tu manera de vivir para una pausa, o estás tratando frenéticamente de guardar el equilibrio de los diversos platos giratorios que llenan tu día?

2. ¿Qué planeas hacer para disponer del espacio necesario que modifique tu agitada manera de vivir?

3. Identifica algunas barreras, sean buenas o malas, que impiden que vivas como Dios te ha llamado a vivir.

Capítulo 4

La adoración
demanda sacrificio

Nunca me ha gustado el ejercicio. Nunca me he imaginado a mí mismo como un atleta. Después de todo soy un músico. ¿A quién le importa si la pelota que pateó tal o cual jugador entró en el arco o no?

Tranquilos. Sé un poco más que eso en los deportes. Solo que no me gusta admitirlo. El asma que sufrí en la infancia dañó el funcionamiento de mi corazón de manera tan riesgosa (si quieren pregúntenle a mi médico) que cuando corríamos maratón en nuestra clase de educación física, siempre lo hacía casi caminando. Y ni siquiera me inicié en los premios presidenciales al buen estado físico. De cualquier modo ¿qué prueba el estar corriendo de aquí para allá cargando un borrador de una línea a otra?

Por otro lado, a mí me gustan las papas fritas con bastante sal y ketchup. Desde las papas frito ilimitadas en Red Robin hasta la perfecta delicia de las papas de los arcos dorados de McDonald, soy todo un experto en las papas fritas que se ofrecen en cada puesto de comida rápida y cadena de restaurantes en la costa oeste.

Desafortunadamente, todavía no han inventado las papas fritas que realmente disminuyan el nivel del colesterol.

La vida era grandiosa. Frituras y ningún ejercicio... hasta que llegué a los 40.

Fue en mi examen físico 'me estoy poniendo viejo' cuando todas aquellas frituras me atraparon. Cuando me pincharon el dedo para sacarme la muestra y lo que brotó fue aceite de canola, entendí que era tiempo de cambiar el rumbo. Bueno, en serio, quería vivir suficiente para ver a mis nietos. Necesitaba disfrutarlos, y no solo a ellos, sino también a mis hijos.

Comenzó a darme comezón por los gimnasios, pero sabía que debía encontrar algo que pudiera hacer desde casa. El vivir en la tierra de Nike me motivó a correr. Y entonces, cedí y empecé a hacer ejercicios.

Cuando empecé a correr, decidí no ser estricto en

La adoración demanda sacrificio

relación a un plan determinado. No soy una persona muy competitiva, sino adaptable. Al principio, entendí que si intentaba correr poniéndome metas, 'más lejos', 'más rápido', terminaría lamentándome o, sino lograba la meta, no disfrutaría el ejercicio.

Fui condescendiente conmigo mismo, al decidir no competir con nadie, incluido yo. Me permitía cambiar el plan, aun a media carrera si era necesario. Si arrancaba pensando de que correría solo 20 minutos, pero me sentía cansado a los 15, entonces, 15 minutos era mi nueva meta. Desde el principio no buscaba llegar a correr en una maratón. De todos modos, ¿quién tiene tiempo para tal entrenamiento cuando se debe a sus propias responsabilidades?

Pero el ejercicio fue solo el primer paso. El siguiente, las deliciosas papas fritas debían irse ¡y ellas especialmente! al igual que tantos otros alimentos. Empecé a hacer un registro de todo lo que comía, sin ser absolutamente estricto por supuesto.

Cuando la registraba, no ponía en mi lista el kétchup; después de todo no soy obsesivo-compulsivo, pero soy bárbaramente honesto cuando registro lo que como. Afortunadamente, hay una aplicación para manejar esto.

A veces me pregunto si vale la pena. En los últimos dos

años he corrido más de 400 millas, dos millas cada vez y dos o tres veces por semana. (El lector normal puede sentirse impresionado con esto; pero los que regularmente corren... simplemente se ríen).

Es inconveniente y toma bastante tiempo. Y aunque en parte he llegado a disfrutarlo, el régimen, en general, es un esfuerzo duro. Requiere de disciplina.

Pero los resultados no mienten. De acuerdo a mi último test de colesterol, estoy en gran forma. Mi doctor y mi compañía de seguros están felices conmigo.

Considerándolo todo en conjunto, ojalá fuera posible solo presionar el 'Staples Easy Button' y listo ('solo presiona el botón' y lo consigues, así de fácil).

No es malo admitirlo. Ya nos conocemos, ¿verdad? Tú también a veces piensas lo mismo, 'ojalá fuera más fácil', llegar al resultado sin mayor esfuerzo'. En realidad todos lo batallamos. Nos gusta lo fácil ¿por qué crees que las ventas de los tickets de lotería se han ido por las nubes?

Vivimos en la cultura de la 'comida rápida' y queremos que todas las cosas sean rápidas y fáciles. Hemos olvidado que toda cosa que valga la pena, nos va a costar algo. Nuestro hambre insaciable por 'lo más rápido', 'más barato', 'mejor y a la vez gratis' nos ha hecho alérgicos a la disciplina, al

La adoración demanda sacrificio

sacrificio y al trabajo duro.

"Y ¿qué tiene que ver esto con la adoración?" podría ser tu pregunta.

No hay un camino rápido y fácil hacia la adoración. La adoración requiere sacrificio. Echemos una mirada a un evento en la vida del Rey David.

Abramos nuestras Biblias en II Samuel 24. David había gobernado ya por 40 años. Hacia el final de su reino fue probado por Dios. Él conocía que algo no andaba bien en el corazón del rey, y quería corregirlo.

He aquí el escenario: David da una orden a Joab, su sobrino y general del ejército israelita. Él debe ir y hacer un censo por todo el pueblo de Israel para saber con cuántos guerreros cuentan.

Joab sabe que esta no es una buena idea. Sabe que no importa el número de guerreros en el ejército. Que todo lo que tienen, cada hectárea de tierra que poseen les ha sido dada por Dios. Si conoces la historia de Israel sin duda sabes que ganaron algunas de las más increíbles batallas no porque eran más fuertes o más poderosos, sino porque

Dios estaba de su lado. ¿Sabías que ganaron una de sus batallas tan solo tocando una tonada?

Pero David es el rey, y los reyes por lo regular consiguen lo que quieren, así que Joab desarrolla el censo. El trabajo le toma más de nueve meses. Cuando retorna a David y le presenta los resultados, David es sobrecogido de culpa y suplica a Dios su perdón.

David es perdonado, pero el pecado trae consecuencias. David tiene que escoger entre tres opciones: tres años de hambre, tres meses para ser derrotado por sus enemigos, o tres días de epidemia en el país.

David elige la última de ellas, la plaga, porque confía en las misericordias de Dios. Y esta se da. Dios ordena a un ángel diseminar el mal. Este inicia en el extremo norte del país, en Dan y toma su camino hasta Beerseba. Al primer día, desde la mañana hasta la noche, la gente cae enferma y setenta mil mueren.

Cuando el ángel se aproxima a Jerusalén, a David le es permitido mirar y ver al ángel viniendo. Él y todos los líderes de la nación se humillan y suplican misericordia. Dios detiene al ángel justo cuando llega a la propiedad de Arauna.

Entonces, Dios le dice a David que vaya hacia la

La adoración demanda sacrificio

propiedad de Arauna y edifique un altar allí. David se apresura a obedecer.

Arauna ve a David y a sus hombres viniendo a su casa y sale a su encuentro. Cuando entiende la razón por la que David lo honra con su presencia, él ofrece darle no solo su propiedad sin costo, sino también los bueyes para el sacrificio y el yugo para la leña. Después de todo tiene frente a él al rey. Y Arauna sabe que todo rey es señor de la vida y muerte de sus súbditos.

Lo sorprendente es que David rehúsa la oferta y en lugar de eso, la compra, pagándole a Arauna un buen precio. Su respuesta es, "...no ofreceré a Jehová mi Dios sacrificios que no son sacrificios, holocaustos que no me cuesten nada".

Pienso que podemos definir tres principios de la experiencia de David y aplicarlos a nuestra adoración hoy en día.

Desde una perspectiva humana David no hizo nada malo. Él era rey. Él tenía todo el derecho y autoridad para contar el número de soldados del que disponía.

Pero, *humildemente* David reconoció que se había ubicado a sí mismo en el centro de su insignificante y pequeño universo. Su momento de cambio vino cuando Joab le presentó el número de todos sus guerreros en el país. No sabemos exactamente lo que produjo este cambio en su corazón, pero sospecho que, en aquel momento, Dios le recordó de todas las batallas que había ganado cuando él no era más que un desvalido y todo estaba en su contra.

En Salmo 51:17, David dice:

El sacrificio que te agrada es un espíritu quebrantado; tú, oh Dios, no desprecias al corazón quebrantado y arrepentido. [NVI]

¿No somos semejantes a David? Gozamos de la seguridad de una hermosa casa, una jugosa cuenta bancaria, un trabajo estable, y muchos amigos. Permitimos que estas cosas desplacen a Dios del centro de nuestro universo, y las mismas llegan a ser el fin y no un medio para darle gloria.

Al humillarse, David se somete al liderazgo del Dios a quien sirve y acepta las consecuencias de su pecado. Aunque imperfecto, él se compromete a seguir a Dios –a través de lo bueno o lo malo, sea merecido o inmerecido.

Es fácil someternos cuando todas las cosas van bien en nuestra vida. El cómo manejamos los contratiempos a lo largo del camino revela la profundidad de nuestra entrega.

Todo esto nos conduce a entender el significado que él da a la adoración. La adoración demanda sacrificio personal. El concepto del sacrificio era más perceptible en los

La adoración demanda sacrificio

tiempos bíblicos. Hacía que el costo fuera más fácil de evaluar. Ahora se diría, 'Vaya a la tienda en la esquina y escoja un cordero perfecto para el sacrificio, asimismo incluya en su compra dos palomas y cierta cantidad de granos y ¡ya! tienes tu sacrificio'. (Podría haber sido un poco más complicado que eso, por supuesto).

Pero aun cuando las 'reglas' perceptibles de los sacrificios cambiaron con el sacrificio de Cristo, los principios de la adoración continúan siendo los mismos. Dios contempla la condición de nuestros corazones más que el precio del cordero. La adoración que agrada a Dios todavía nos cuesta algo... todavía demanda sacrificio.

La adoración no es algo que podemos delegar a otra persona, o dejarlo en las manos de los músicos en un servicio de la iglesia. Nadie puede adorar en tu lugar. Es tu vida, tu rol.

> La adoración no es algo que podemos delegar a otra persona. Nadie puede adorar en tu lugar.

Si David hubiera aceptado la oferta de Arauna, esta hubiera sido la adoración de Arauna, y no de David. Y en este caso hubiera sido una ofensa a Dios, de ningún modo se hubiera detenido la plaga. Tú puedes delegar muchas cosas a otras personas, pero la adoración no está en esa lista. La adoración no forma parte de ningún paquete opcional cuando tomas la decisión de abrazar el cristianismo. Somos llamados a adorar.

La adoración demanda sacrificio

Para nuestra reflexión:

1. ¿Qué significa para ti la frase, "La adoración requiere sacrificio"?

2. ¿De qué maneras has desplazado a Dios del centro de tu universo para ubicarte tú?

3. ¿Qué cosas debes tomar en cuenta cuando consideras el ubicar a Dios en el centro de tu universo?

4. ¿A qué cosas estarías dispuesto a renunciar ante Dios?

Capítulo 5

Adoración
significa deleitar a Dios

Hace algunos años fuimos privilegiados con el deleite de dos maravillosas semanas en Maui. Coincido con los que afirman que es como el paraíso en la tierra. Para nosotros escapar del rigor invernal del noroeste, con todas sus cargadas nubes y las lluvias, era un lujo casi imposible. Imagínate que fuera posible empaparte de vitamina D con el sol que tenemos en medio del invierno. Estábamos como caminando en las nubes ante tamaña posibilidad.

Aparte del brillo del sol no sabía qué otra cosa esperar. He nacido y crecido en Oregon y el único punto de referencia que tenía para el océano era nuestra frígida costa del Pacífico. Particularmente no me gusta estar adormecido a causa del frío, así que era escéptico de que realmente pudiera deleitarme en las aguas del mar. Por otro lado, desde que tengo uso de razón soy consciente de mi existencia, no soy de las personas que se sientan por allí sin hacer nada, así que la imagen de verme sentado relajándome en la playa tampoco me entusiasmaba.

No me tomó mucho tiempo unirme a la gran cantidad de surfistas, buceadores amateurs con esnórkeles y los que simplemente se tienden en la arena para ser bañados por el sol. Hasta ahora siento como si todavía encontrase arena en rincones de mi cuerpo que mejor no entro en detalles. Cuando no estábamos en la playa, íbamos de visita o de compras, y cuando necesitábamos descansar, solo tomábamos una siesta.

Nuestra alojamiento allá, lejos de casa, se encontraba en la parte más sureña de la isla, colindando con Kihei y Wailea. Brewster House es una casa de retiro para pastores y misioneros y está ubicada entre 30 hermosos hectares de palmeras, mangos, papayas, aves exóticas, y hermosas flores con vista a la meca de la diversión submarina con su hermosa forma de media luna en Molokini.

Nuestro balcón en el segundo piso nos daba una vista de 180 grados con el océano al oeste y era un perfecto lugar para disfrutar de la puesta del sol cada atardecer.

Adoración significa deleitar a Dios

Después de un deleitoso día de aventura alrededor de la isla, disfrutando cada minuto de ese brillante y cálido sol, era ideal pasar juntos aquellos últimos momentos del día. Observábamos el cielo como un lienzo en el que se pintaban los últimos rayos del sol ocultándose en el horizonte. Cada crepúsculo duraba solo unos pocos minutos, cuando el sol ya retirado, dejaba su arrebol tras de sí en el tenue reflejo del cielo nocturno. Era casi como si el sol no quisiera irse, como si deseara prolongar el día, al igual que yo.

Es así como se debía haber sentido Josué.

La primera mención de Josué en la Biblia se encuentra en Éxodo 17. Siendo Israel atacado por Amalec, Moisés encarga a Josué dirigir la batalla en defensa de la nueva nación. Él aparentemente capta la atención del cielo durante la batalla, y como recompensa es privilegiado por Dios, al escuchar que la batalla no era en vano, que la memoria de Amalec sería borrada del cielo.

No sabemos cómo Josué ganó su posición de líder. Pero desde este momento en adelante él es descrito como el fiel ayudante de Moisés. Josué tuvo el privilegio de ser discipulado y entrenado por este gran líder, y fue escogido por Dios para que más adelante dirigiese a los israelitas en la conquista de la Tierra Prometida.

Él iba adonde Moisés iba, vio lo que Moisés vio, y tuvo la singular oportunidad de estar a cincuenta metros cada vez que Moisés se encontraba con Dios, inclusive en el monte de Sinaí cuando Moisés recibió los Diez Mandamientos (Vea Éxodo 32:17). ¡Qué tal escenario!

En aquellos días nadie cuestionaba que Dios haya escogido a Moisés para conducir a su pueblo. La relación que ambos compartían se manifestaba en sí de muchas maneras evidentes mientras Dios afirmaba el liderazgo de Moisés a fin de que la nueva nación escuchase a Moisés cuando hablase.

A lo largo de su peregrinación de Egipto a la Tierra Prometida, los israelitas obviamente vivían una vida nómade. Cuando Dios los dirigía, ellos levantaban su campamento y avanzaban un poquito más hacia su destino. Y cuando Dios ordenaba parar, se detenían y armaban su campamento otra vez.

Cuando se detenían, era la práctica de Moisés plantar una tienda afuera del campamento. Lean la historia conmigo, empezando en Éxodo 33:7 y en adelante:

Moisés tomó una tienda de campaña y la armó a cierta distancia fuera del campamento. La llamó «la Tienda de la reunión con el Señor». Cuando alguien quería

Adoración significa deleitar a Dios

consultar al Señor, tenía que salir del campamento e ir a esa tienda. Siempre que Moisés se dirigía a ella, todo el pueblo se quedaba de pie a la entrada de su carpa y seguía a Moisés con la mirada, hasta que éste entraba en la Tienda de reunión. En cuanto Moisés entraba en ella, la columna de nube descendía y tapaba la entrada, mientras el Señor hablaba con Moisés. Cuando los israelitas veían que la columna de nube se detenía a la entrada de la Tienda de reunión, todos ellos se inclinaban a la entrada de su carpa y adoraban al Señor. Y hablaba el Señor con Moisés cara a cara, como quien habla con un amigo.

Éxodo 33: 7-11a [NVI]

Imagina la santidad de aquellos momentos, la reverencia que sobrecogía a todo el campamento. Todos adoraban. Sin ninguna duda Dios estaba en casa, y todos los ojos estaban fijos en contemplación de la gloria del Dios que los había sacado del exilio, los había conducido a la libertad y estaba llevándolos a una tierra que fluye leche y miel.

En toda buena película sobre extraterrestres hay un momento cuando los extraterrestres entran en escena, y cuando los espectadores entienden que algo va a ocurrir se da un silencio en toda la sala. La gente comienza a enfocarse en la criatura y todo se detiene. Hay tanto silencio que hasta se podría escuchar cuando una aguja se cae. Y entonces como siempre, el caos estalla.

Me imagino que esto era lo que ocurriría cuando Moisés se encaminaba hacia la puerta del tabernáculo. Uno por uno, el pueblo dejaba lo que estuviera haciendo al darse cuenta de lo que estaba a punto de pasar. El silencio caía sobre todo el campamento. Las ovejas todavía balaban, quizás un bebé lloraba, pero los sonidos se atenuaban, todo quedaba en suspenso en un entorno de silencio. Todo, excepto el tabernáculo, pasaba a un segundo plano.

Entonces el reino de lo físico tenía un atisbo del reino espiritual cuando Dios manifestaba su presencia sobre el tabernáculo de reunión para hablar con Moisés. Y hablaban tanto como tú y yo hablaríamos siendo amigos.

Como el pueblo escogido de Dios, tú eres testigo de un histórico momento, un momento que cambia la vida. Ver la gloria de Dios con tus propios ojos está más allá de cualquier experiencia que alguien pudiera tener. Ningún otro dios ha buscado relacionarse así con el hombre (por supuesto, ¿cómo podrían? si no existen).

Si fueras Moisés, esto es mejor de lo que parece. Es mejor que pasar un día en el paraíso, disfrutando del

Adoración significa deleitar a Dios

surfing o recostado en la playa. Hablas con Dios, discutes con Él acerca de la terquedad de la gente que Él te ha encomendado dirigir, de cómo solucionar el hambre del mundo, te ríes de alguna nimiedad ocurrida en el día, y dices 'buenas noches'. Dios se retira y tú vuelves a tu tienda para cenar.

Josué no.

Después de eso, Moisés regresaba al campamento; pero Josué, su joven asistente, nunca se apartaba de la Tienda de reunión. Éxodo 33:11b [NVI]

Josué se quedaba por allí para gozar de la atmósfera de la presencia de Dios. Como un vívido ocaso en Maui, Josué es embelesado con aquellos preciosos pocos instantes ¿o segundos?, después que Dios se ha ido, pero que todavía le deja la luz de Su presencia tan a flor de piel.

Josué gozó la presencia de Dios.

Ahora contrasta la actitud de Josué con la actitud del resto de los israelitas. Tan solo un capítulo después, leemos que el pueblo temía a Moisés cuando contemplaba el brillo de la presencia de Dios que permanecía en su rostro. Tanto era así que Moisés decidió usar un

> **Josué gozó la presencia de Dios.**

velo sobre su rostro para ocultar la gloria de Dios. En una nación de un millón de personas aproximadamente, de los únicos que conocemos con certidumbre que gozaron de la presencia de Dios, fueron Moisés y Josué. Por cierto, toda la nación respetaba a Dios. Ciertamente temían a Dios. Pero no hay evidencia de que gozaran estando en la presencia de Dios.

Esto nos conduce a la pregunta, "¿Cómo podría yo gozar de la presencia de Dios así como Josué?

Josué iba dondequiera que Dios estaba. Desde el monte de Dios (donde Moisés recibió los Diez Mandamientos) al tabernáculo de reunión, Josué no estaba contento con quedarse en el campamento y observar de lejos. Él no quería quedarse entre los suplentes del equipo, quería ser parte del partido. Cuando Dios se mostró, Josué se las arregló para estar en tal acto.

Josué permanecía donde Dios estaba. Él no se apuraba para correr hacia la siguiente actividad o novedad. Él estaba contento con quedarse mucho después de que todos se hubieran olvidado que era Dios quien había estado presente.

Hay muchos lugares y situaciones donde tú puedes encontrar a Dios si tienes los ojos abiertos. A veces Su

Adoración significa deleitar a Dios

presencia hará ruido en las ventanas, pero a menudo es encontrado en la suavidad de la brisa.

El único lugar que sé en el que siempre puede ser encontrado es en Su Palabra. Hebreos nos dice que la Palabra de Dios es viva y eficaz. Es viva porque Dios habita en su Palabra.

Si quieres empezar a gozar de la presencia de Dios, búscalo donde Él puede ser encontrado. Empieza por sumergirte en Su Palabra. La lectura regular, la meditación en ella, la memorización y oración a través de Su Palabra conducirá tu corazón a Su presencia.

Entonces, calla. En nuestro constantemente conectado y saturado mundo de información esto puede ser desafiante. Ya no sabemos disfrutar del silencio. Estamos siempre rodeados de ruido, y amamos tanto el sonido de nuestras propias voces que no escuchamos la voz de Dios sobre el barullo. Deja de decirle a Él lo que tú quieres y dale tiempo al silencio permitiéndole a Él llenar el espacio.

Esta parte requiere práctica.

Y apacíguate. Descansa en Su presencia. Enfoca tu corazón y mente a este momento. Olvídate de la lista sinfín de prioridades y tareas. Pon a un lado los desafíos en tus relaciones. El mundo seguirá girando mientras tú te detienes a respirar en la presencia de Dios.

Durante la primavera me gusta sentarme junto a nuestro pórtico de entrada, gozando el sol de la mañana. Tomo mi Biblia, mi diario, y una Diet Coke. Me siento. Descanso. Le hago la lucha a la urgencia mental de hacer cosas. Lo invito a Él que a hable a mi espíritu. Gozo de la vida sencilla, de la ocasional ave que revolotea alrededor del álamo, que crece frente a la casa. Mientras el sol calienta mi cuerpo, recuerdo que este calor es insignificante cuando lo comparamos con la calidez que produce el Hijo de Dios en mi interior.

Busca. Calla. Espera. Aprende a escuchar la voz de Dios y goza de Su presencia en tu vida.

Adoración significa deleitar a Dios

Para nuestra reflexión:

1. ¿Cómo respondes a la presencia de Dios? ¿Cómo Moisés? ¿Cómo Josué? ¿Cómo los israelitas? ¿Por qué?

2. ¿Dónde encuentras a Dios? Explica.

3. ¿Qué impide que permanezcas en Su presencia?

Capítulo 6

La adoración
requiere santidad

SOY UNA PERSONA DE MUY BUENAS RELACIONES con la ley. Sin embargo, he recibido cinco multas de tránsito en mi vida. Dos de ellas nunca me las debieron aplicar. Sí, ya sé que has escuchado eso antes. Pero, déjame explicarte.

En el primer caso, estuve en un viaje misionero haciendo la obra de Dios, y eso por sí solo sería suficiente para justificarme. En el segundo caso, era inocente. ¡Oh sí, ya sé! Conozco la clásica respuesta, "todos dicen serlo". Pero, en mi caso era cierto. Tuve un capellán y un jefe de la policía defendiendo mi caso. Incluso el Fiscal General del gran estado de Connecticut me dio la razón y tiró al tacho las dos papeletas. Soy inocente, aunque… desde esa vez he evitado pasar por Connecticut, por si acaso hubiese, alguna orden judicial con mi nombre [je, je]. Para mi tercera multa, supuestamente estuve haciendo mi crucigrama mientras ingresaba a la autopista. Aunque no puedo confirmar o negar la veracidad de tal demanda, si hubiera sido verdad, al menos, tuve el sentido común de colocar la hoja del crucigrama sobre el volante, de tal manera que conservaba mis ojos en la carretera la mayor parte del tiempo.

Ahora, antes de que me juzgues, considera lo siguiente, no estuve tomando desayuno, rasurándome, texteando a casa desde mi celular, o mirando una película en mi DVD player portátil mientras manejaba (y por cierto, cada uno sabe lo que hace... ¡yo he visto cada cosa!, mejor ni te cuento).

Mi cuarta multa vino del oficial de policía 'Friendly' (Friendly es su apellido, pero su traducción al castellano es 'amigable'). Sí, eso era lo que la papeleta de multa decía. El oficial 'Amigable' me dio una multa de $2999.99, por estacionarme torcido en las afueras de un restaurante de nombre Shari's. Es cierto. Es posible que el oficial 'Friendly' haya perdido su salvación por eso [je, je].

Y lo más reciente, recibí una multa por exceso de velocidad. ¡¡No sé en qué estaba pensando!! así no se debe

La adoración requiere santidad

manejar. Fui atrapado infraganti manejando a 38 mph (millas por hora) en una zona de 25 mph. Me hallaron culpable y fui multado. El juez estuvo tan impresionado por reconocerlo, que me multó con lo mínimo y me puso como ejemplo delante de toda la sala.

Normalmente, no soy un loco del volante, manejo pocas millas por hora. Pero antes no era así. Cuando no tenía instalado el sistema de 'cruise control' (velocidad controlada), yo trataba de mirar el mapa mientras manejaba, y sin darme cuenta aumentaba la velocidad.

¿Te das cuenta cómo funciona? Estás manejando a cinco millas sobre el límite de velocidad porque así te sientes mejor y sabes que ningún oficial te detendrá por unas cuantas millas adicionales, y eso te hace pensar que realmente no estás infringiendo la ley. 'Solo es ilegal, si el policía te detiene y sanciona', piensas. Te sorprendería saber cuántos cristianos razonan así. ¡Me he encontrado con quienes realmente creen eso!

Si estás bordeando las 60 mph en una zona de 55, ¿qué ocurre cuando te acercas a alguien que va en la velocidad legal permitida? ¿Acaso razonas, 'caramba, debería bajar la velocidad'? ¡Por supuesto que no! Más que eso, te sientes frustrado que tal persona esté en tu camino, "¿no se dan cuenta del flujo del tráfico?, el carril de la derecha es para los que van despacio, estos nos hacen perder el tiempo".

Si estás manejando a 63 millas por hora, no miras a la consola que registra tu velocidad al estar detrás del otro carro. "¿Qué es lo que pasa por tu mente?" Razonas contigo mismo. "Hey, abuelo, hoy día no es domingo, ni estás manejando por el campo en un día feriado".

Cuando finalmente lo pasas, giras la cabeza y ¡qué mirada le regalas! Ya sabes de qué estoy hablando. Ahora, estás manejando a 67 y sientes que estás haciendo lo correcto, al fin. Así el ciclo continúa hasta que te fijas en la consola y notas cuán rápido realmente vas. Sientes un poquito de culpa. Cuando al fin bajas la velocidad (ya estabas a 72) a 63 mph, sientes como si estuvieras yendo a 40, y concluyes, 'con esta velocidad nunca llegaré a donde estoy yendo'.

Así es exactamente como actúa el pecado. El pecado tiene un apetito voraz, nunca queda satisfecho. Cuanto más lo alimentas, más hambriento queda (es similar a los adolescentes). Al igual que en la carretera, cuanto más rápido vas, más rápido quieres ir. De esta manera somos atrapados en el centro de un torbellino que busca destruir nuestra vida.

Nadie se despierta en la mañana pensando, "Creo que

La adoración requiere santidad

destruiré mi vida actual siéndole infiel a mi esposa para llenar el vacío de mi existencia". Una aventura de infidelidad empieza con la desconexión en el hogar, un 'inocente' almuerzo con quien no debes, un pequeño roce al pasar, el ego estimulado, una carcajada en lugar de desviar los ojos para otro lado, y así.

Ocurre a cinco millas por hora en un determinado tiempo, hasta que el corazón queda atrapado en una pegajosa telaraña de mentiras, emociones y deseos. Cinco millas por hora hasta que nuestra necesidad de "felicidad" eclipsa todo lo que creemos, y aun la consideración de todos aquellos ante quienes somos responsables.

Esto no ocurre solamente con los grandes pecados. Es común a todos los pecados. Todo pecado es voraz, todo pecado busca ser alimentado. Y el enemigo sabe cómo adormecernos mientras se desarrolla el proceso de la iniquidad. Observa cómo los programas de televisión y películas han cambiado durante los últimos veinte años. Lo que se clasificaba R (Restringido/solo para adultos) ahora es PG-13 (Permitido desde los de 13 años). Todo cambió sutilmente: una palabra grosera por esta vez, una 'escena de amor' explícita por esta vez y así sucesivamente. Causa vergüenza tan solo pensar lo lejos que hemos llegado.

Examínalo de este modo. Tenemos aquí arriba una escala en la coloración del gris. Nos ayuda a medir la intensidad; empezando desde el blanco absoluto hasta el totalmente negro, con las diversas variaciones del gris entre ellos. Es una perfecta ilustración para el apetito del pecado, avanza desde el blanco con un paso a la vez hasta llegar al negro; tal como en la carretera, solo aceleramos cinco millas más, tan sutilmente; y sin darnos cuenta ya estamos bastante lejos de la velocidad legal permitida.

> Solo debería estar en las cosas de Dios en todo tiempo.

El pecado es incompatible con la adoración.

Si Dios nos llama a hacer de la adoración una obsesión santa nuestro enfoque solo debería estar en las cosas de Dios en todo tiempo. No podemos tener una obsesión santa sin santidad.

Lo maravilloso es eso, debido a Cristo Jesús, Dios nos ve como santos, a pesar de nuestras acciones. Fuimos justificados en la Cruz. Realmente jamás debemos

La adoración requiere santidad

preguntarnos "¿cómo me ve Dios?" porque definitivamente Él nos ve santos.

Pero la santificación es también un proceso, el proceso de llegar a ser santos. Esto cambia la pregunta anterior por la siguiente: "¿Cómo Dios me llama a vivir, a fin de responder a todo lo que Él ha hecho en mi vida?"

Como adoradores que somos, esta pregunta es de suprema importancia, ya que su respuesta determina la calidad de nuestra adoración. Si la adoración es primariamente un acto espiritual, entonces la condición de nuestra vida en lo espiritual determina la calidad de nuestra adoración.

> Si la adoración es primariamente un acto espiritual, entonces la condición de nuestra vida en lo espiritual determina la calidad de nuestra adoración.

Dado que la mayoría de nosotros no hacemos realidad en nuestra vida la demanda a ser santos, vivimos en algún lugar de la escala de grises. Quizá no en lo negro, pero sí en lo gris; aunque no siempre.

Dios nos llama a vivir mejor que eso. Él nos llama a ser "blanco absoluto". Él nos llama a ser santos. Él nos llama a ser "apartados", esta es la definición de la santidad. El problema es que vivimos en este caótico mundo rebelde que constantemente pelea contra los valores que demandamos para vivir. Nos vemos a nosotros mismos viviendo en algún lugar de la escala de grises y, sin darnos cuenta, llegamos a sentirnos confortables allí.

Y como nos gusta sentirnos bien en cuanto a nosotros mismos, ¡nos pone tan incómodos sentirnos culpables!, jugamos el juego de las comparaciones, ¡es increíblemente subjetivo, y fácilmente nos hace sentir bien!

Ya sabes cómo funciona, empieza con la frase: "Bueno, al menos soy mejor que _____." [Tú sabes qué nombre escribir allí].

Aunque puede no ser tan obvio como esto, pero cada vez que juzgamos a alguien, eso es lo que estamos haciendo. Básicamente estamos diciendo, "Puede que yo no sea perfecto, puede que sea 50% gris, pero míralos a ellos... están por el 70%. Así que yo estoy bien".

¿Cómo debemos vivir entonces? Desde que ninguno de nosotros es perfecto, ¿podemos realmente 'ser apartados o separados de Dios'? Desde el punto de vista de Dios, ¿qué significa 'estar separados'?

Si miramos el libro de Ezequiel, tenemos un cuadro de

La adoración requiere santidad

cómo Dios mira la santidad en relación a nosotros. Ezequiel fue un sacerdote y profeta que vivió 600 años antes de Cristo. Vivió en un tiempo de convulsión en la historia tanto de Israel como de Judá, naciones que fueron tomadas en cautiverio a Babilonia. Como uno de los cautivos, escribió muchas de sus profecías desde Babilonia. Uno de los temas principales de Ezequiel en su profecía fue la santidad de Dios, y cómo contrastaba esta con el pecado del pueblo de Dios.

Las naciones de Israel y Judá habían permitido que el pecado de manera desenfrenada echase a un lado la santidad que Dios deseaba en su pueblo. Ellos bebían de las fuentes putrefactas de las naciones que los rodeaban. En realidad Ezequiel nos dice que los israelitas llegaron a ser peores que las otras naciones. Ellos no solo estaban bebiendo el agua putrefacta de las otras naciones, ellos estaban fabricando sus propias pócimas putrefactas y distribuyéndolas gratuitamente.

Era tan mala la situación, que no solo estaban adorando ídolos en sus propios hogares o en sus plazas, sino que habían permitido que el pecado invadiese el Santo Templo de Dios. En realidad habían arrojado a Dios de Su Lugar en la tierra (Su Templo).

Y cuando Dios ya no pudo soportarlo más, trajo juicio sobre ellos, incluyendo la destrucción del Templo. Dios tiene un límite cuando empiezas a tenerlo en poco y pisotear Su santidad.

Recorriendo los primeros capítulos de Ezequiel que tratan sobre el juicio a los israelitas, llegamos a la segunda parte que cubre el juicio de otras naciones, y de allí a la tercera parte que desarrolla la restauración.

Empezando con el capítulo 40, Ezequiel describe una visión del Templo de Dios restaurado, un templo que todavía no ha sido edificado. Esta es una de aquellas secciones que tendemos a leerlas rápido o saltarlas cuando llegamos a ellas. Es la descripción aparentemente monótona de las medidas de este Templo restaurado. Sección tras sección, cuarto por cuarto es descrito el Templo... el atrio exterior, la puerta del norte, la puerta del sur, las cámaras de los sacerdotes, el atrio interior, esa clase de detalles que generalmente hacen que nuestros ojos se cansen y adormezcan.

Aquí les presento un boceto que un artista dibujó siguiendo la descripción de Ezequiel. En el centro del templo está el lugar más santo, El Lugar Santísimo. Dentro de esta cámara se encontraba el Arca del Pacto, que representaba la presencia de Dios.

La adoración requiere santidad

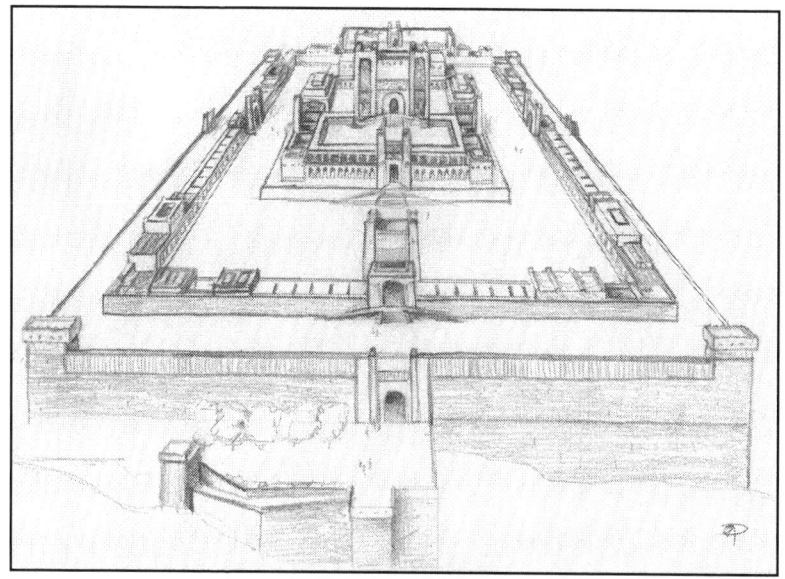

En tiempos antiguos la única persona que podía entrar en el Lugar Santísimo era el Sumo Sacerdote, y eso era solo una vez al año. Ataban una cuerda alrededor del tobillo del Sumo Sacerdote en caso que hubiera algún pecado en su vida que, siendo ofensivo a Dios al entrar en Su Presencia, y al ser fulminado de muerte, pudiesen los otros sacerdotes jalar su cuerpo sin exponerse ellos mismos al intentar entrar. El Lugar Santísimo era un lugar aislado del resto del Templo.

Como podrás notar el templo es cuadrado. Ezequiel 42:20 nos dice que cada lado medía 500 cañas: es decir, cerca de 875 pies (266.7 m. aprox.), y que las paredes exteriores separaban lo santo de lo común u ordinario. Si el Lugar Santísimo era 'blanco absoluto', el resto del templo es, diríamos, una variable un poco menos densa, aunque todavía santa, y apartada de lo exterior.

Pero no nos detengamos allí. Ezequiel 45:1 nos dice que cuando construyan este templo, ellos pondrán aparte un espacio sacro, un área santa para Dios, esto mediría siete millas de largo por seis de ancho. No es una reserva para la vida silvestre, o un santuario pacífico donde nada ocurre; era el lugar separado para los sacerdotes y sus familias, lugar para aquellos que fueron llamados a ser 'separados para Dios', santos.

Es importante notar aquí que si bien es cierto que una parte no es tan santa como la otra, esto no le quita el hecho de ser santa. La distinción que hace Dios aquí es entre lo santo y lo común u ordinario, pero nunca dice que por ser común deja de ser santo. La vida de santidad nunca es común u ordinaria, aun cuando se desarrolle en medio de un ambiente común u ordinario.

Si por el servicio de Google Earth ubicaras el Monte del Templo en Jerusalén, tendrías una vista de cómo luce el lugar en el día de hoy. Por supuesto, no hay Templo, ya que fue destruido en el año 70 d.C., pero podrías ver el Domo de la Roca islámico que tiene una extensión de 35 acres sobre

La adoración requiere santidad

el monte del Templo.

En contraste con aquellos 35 acres, el futuro Lugar Santo que nos describe Ezequiel para el Templo será de 26,880 acres. El espacio alrededor del templo, también separado como santo sería de 42 millas cuadradas. También este era un lugar separado de lo común u ordinario. Obviamente, no tan santo como el Lugar Santísimo, tampoco tan santo como el área del Templo (que fue descrito como común), pero todavía separado, puesto aparte... otra tonalidad de gris.

Lo que estamos alcanzando a ver es el requerimiento de que todo lugar en el que more Dios debería tener fronteras santas alrededor, extendiéndose desde su centro a una distancia aun más allá del alcance de nuestros ojos. Al nivel del suelo una persona de estatura promedio puede ver hasta cerca de tres millas. Lo interesante es que Dios no quiere ver lo impuro ni siquiera a lo lejos.

Tomémonos un tiempo y pensemos en nuestra vida comparándola con los mismos círculos concéntricos. Hoy día el Lugar Santísimo está en nosotros. Tenemos la presencia de Dios dondequiera que vayamos. En esta zona la presencia de Dios todavía demanda separación o santidad.

En el centro de nuestro carácter nuestras imaginaciones no santificadas permiten amarguras, envidias, codicia, apatía, orgullo, egoísmo; la ausencia de amor y muchas otras cosas echan raíces en oscuros rincones interiores donde pueden crecer y enconarse hasta que toman el control por completo de una vida. Dios no impone su presencia, él espera que tú le des lugar. Si alimentas las tinieblas, o alguna tonalidad del gris, Dios lo dejará ser... juntamente con las consecuencias inherentes a tales decisiones.

Aunque él nunca abandonará su Santo Templo como ocurrió con los israelitas del tiempo de Ezequiel. El amor nunca exige su posición.

Proverbios 4:23 dice,

...cuida tu corazón, porque de él mana la vida. [NVI]

La adoración requiere santidad

'Cuida' es un verbo de acción. Debemos ser proactivos; estar siempre atentos, vigilantes, y alertas. El Apóstol Pablo dice en Filipenses 4:8:

> *Por último, hermanos, consideren bien todo lo verdadero, todo lo respetable, todo lo justo, todo lo puro, todo lo amable, todo lo digno de admiración, en fin, todo lo que sea excelente o merezca elogio.* [NVI]

Estas cosas invitan a Dios a unirse a la conversación en tu corazón, e incrementan la santidad. Pero demandan nuestra iniciativa.

Nota que ninguno de estos dos versos se enfocan en decir 'no' al pecado. Tú no puedes decir 'no' al pecado por mucho tiempo. Desde el momento en que comienzas a enfocarte en el pecado, este extiende sus raíces y empieza a crecer. De manera diferente, una vida de santidad ejercita su desarrollo diciendo 'sí' a las cosas de Dios.

El siguiente círculo representa aquellas cosas que hacemos en Su nombre. Incluye nuestro ministerio, tanto público como privado. Es aquí donde somos propensos a permitir que nuestras prioridades y proyectos dañen y maltraten la causa de Cristo. Podemos causar desunión en la iglesia. Nos preocupamos más de guardar las formas y regulaciones que de preservar las relaciones. Es aquí cuando nos olvidamos que las personas son resultado del discipulado, y no hitos estadísticos en el cumplimiento de nuestra lista de tareas. La gente nunca es material descartable, nunca son medios para un fin, ellos son nuestra finalidad según la perspectiva de Dios.

Es aquí donde las palabras de Pablo en Filipenses 2 nos deben guiar,

No hagan nada por egoísmo o vanidad; más bien, con humildad consideren a los demás como superiores a ustedes mismos. Cada uno debe velar no sólo por sus propios intereses sino también por los intereses de los demás. Filipenses 2: 3-4 [NVI]

Y en I Juan 3,

Queridos hijos, no amemos de palabra ni de labios para afuera, sino con hechos y de verdad. En esto sabremos que somos de la verdad, y nos sentiremos seguros delante de él: que aunque nuestro corazón nos condene, Dios es más grande que nuestro corazón y lo sabe todo. I Juan 3:18-20 [NVI]

El amar de la manera en que Cristo ama, impacta nuestros corazones.

El próximo círculo representa el resto de nuestras

La adoración requiere santidad

vidas. Como Dios, nosotros deberíamos desear mantener lo impuro lo más lejos de lo que el ojo humano pueda distinguir. Esto francamente es difícil de hacer en nuestra cultura saturada de pecado. El pecado nos rodea por todos lados.

Pero es aquí, en la realidad de nuestra vida cotidiana, donde tendemos a segmentarla y compramos la mentira que lo que hacemos en el lugar de trabajo o en casa no influye en nuestro cristianismo. Por el contrario, nuestro cristianismo se muestra en 'cómo manejamos', 'cómo actuamos o reaccionamos', 'cómo hablamos'; se revela en cómo tratamos a la gente en el trabajo, en la casa o en la tienda.

I Timoteo dice que la vida del obispo (supervisor, administrador, encargado de la obra de Dios) debe ser irreprensible (I Timoteo 3:2). Las películas que miramos, los programas de televisión que nos atrapan, el modo que realizamos nuestro trabajo, la manera en que nos comportamos en casa y en público, el lenguaje que usamos, el modo que interactuamos con los del sexo opuesto, aun el modo en que manejamos en la carretera, todo esto debería hacerse sin reproche, en todo tiempo. Deberías edificar aquella clase de reputación que te proteja de toda calumnia y acusación. Si nosotros permitimos que el pecado tome posesión en este círculo, irá controlando el resto de nuestras vidas 'cinco millas por hora' a la vez hasta llegar al mismo centro: el lugar donde Dios mora será invadido por las tinieblas de nuestro pecado. En efecto, llegaremos a la condición de los israelitas. En Ezequiel 43:8 Dios dice:

Cuando pusieron sus altares idolátricos exactamente junto a mi santuario, con solo una pared delgada divisoria entre ambos, ellos arrastraron mi santo nombre por el lodo con su obscena y vil adoración. ¿Sorprende por tanto que los haya destruido en mi ira? Ezequiel 43:8 [parafraseado]

Nosotros permitimos que la pared de Su santuario en nuestros corazones llegue a ser tan delgada, y por ello arrastramos Su santo nombre por el lodo.

No importa cuánto nos preocupemos en cuidar nuestros corazones, no somos suficientemente fuertes como para rechazar el continuo asalto si permitimos que la impureza invada nuestras fronteras. Mantén el pecado tan lejos de ti como puedas. Constrúyete sólidas defensas externas que te guarden para cuando la tentación ronde tu camino.

Aunque sabemos que nunca seremos completamente

La adoración requiere santidad

santos hasta el día que crucemos la línea final, nuestras vidas deberían estar en constante movimiento hacia tal fin.

La adoración es humilde obediencia a la dirección de Dios.

Otro nombre que podrías darle es santa obsesión.

Para nuestra reflexión:

1. ¿En qué sentido es mejor decir "Sí" a las cosas de Dios, que decir "No" a las cosas del pecado?

2. ¿Estás en una situación en donde ciertas relaciones necesitan ser puestas a un lado, aun cuando no son malas relaciones?

3. ¿Divides tu vida en espacios diferentes tales como trabajo, ministerio, familia y hogar, etc.?

4. ¿Qué significa ser 'irreprochable'? ¿Hay algo en tu vida que esté fuera de esta petición?

5. ¿Cómo podrías edificar sólidas defensas que te protejan cuando la tentación se presente en tu camino?

Capítulo 7

La adoración
es una elección

CUANDO ESTABA EN LA ESCUELA SUPERIOR, tuve el 'privilegio' cierto verano, de lavar platos en un campamento que organizó la iglesia. Seis días a la semana... catorce horas cada día... y agua casi hirviendo. A veces pensaba que los cocineros a propósito permitían que se quemen los bordes de la lasaña solo para que yo tenga más problemas al momento de rasparlas y limpiarlas.

Después de un par de semanas, tengo que admitirlo, mi actitud se había vuelto un poco áspera... bueno, más que un poco realmente. Cada vez me sentía más miserable. Ya sabes cómo ocurre eso, empiezas por sentir pena de ti mismo, y luego todo decae. Aborrecía levantarme en la mañana. Era renegón y quejumbroso. Pensaba que si era un miserable, todos debían tener una dosis de lo mismo. Estoy seguro que "era un deleite trabajar conmigo", ¡jah!

Cierto domingo en la mañana, estando sentado en la iglesia compadeciéndome de mí, y sin escuchar al predicador... lo cual, de paso, nunca está bien. ¡Siempre debemos prestarle atención! me encontré a mí mismo orando algo así como esto, "Dios, tú me has traído a este lugar. Odio lo que estoy haciendo. Soy tan miserable. Es tu responsabilidad cambiarlo". Claro, mi actitud era pensar '*la culpa es de Dios*'.

La buena nueva es que los hombros de Dios son lo suficientemente grandes para llevar nuestros inconsistentes reproches, y a menudo Él cambia el punto crítico de nuestra desesperación en una salvavidas.

Empecé a hojear mi Biblia, estaba leyendo un par de Salmos que llamaron mi atención, cuando las palabras de un canto resaltaron en la página. Después del culto, antes de que me tocase lavar los platos otra vez, me senté en el piano y puse melodía a aquellas palabras.

¡Griten alabanzas alegres a Dios
todos los habitantes de la tierra!
¡Canten de la gloria de su nombre!

La adoración es una elección

*Cuéntenle al mundo lo glorioso que es él.
Díganle a Dios:
«¡Qué imponentes son tus obras!
¡Canten alabanzas a Dios y a su nombre!
Canten alabanzas en alta
voz al que cabalga sobre las nubes.
Su nombre es el Señor;
¡alégrense en su presencia!
¡Canten alabanzas a Dios!*

Puedo abiertamente decir que las palabras son una verdadera obra de arte, porque yo no las escribí... David lo hizo. Yo solo las tomé de los Salmos. Así que me siento con plena confianza al decir, 'Miren, cómo él modeló la adoración'. Todas las frases son frases de acción. ¡Decide adorar! ¡Opta por adorar! ¡Canta! ¡Proclama! ¡Vitorea! ¡Alaba! ¡Regocíjate! Lo que David está diciendo es, 'tan solo hazlo'.

Pues, eso es lo que hice. Empecé a cantar este muy personal cántico de adoración mientras me ocupaba con los platos. Tan pronto como quité los ojos de mí mismo y los puse donde debían estar, en Él, entonces cambió totalmente mi perspectiva. Cada vez que lavaba un plato, estaba adorando.

Mucho antes de que David fuera rey, a él también 'le tocó la pajita más corta' si es que hablamos de su lugar en la familia. Vivió una vida insignificante. Un joven pueblerino, nacido y crecido en la región rural del país. Siendo el octavo hijo de un agricultor, recibió las sobras de los genes hereditarios. Sus hermanos eran grandes y fuertes. Pero él parecía ser destinado a ser tan pequeño como olvidado. Pasó la mayor parte de su tiempo en el campo. A menudo dormía teniendo como techo las estrellas mientras cuidaba sus ovejas, aparentemente contento con su suerte en la vida. Él encaraba sus desafíos sin temor, protegiendo a sus animales de cualquier peligro a la vista.

II Crónicas 16:9 dice,

Los ojos del Señor recorren toda la tierra para fortalecer a los que tienen el corazón totalmente comprometido con él. [NTV]

De este modo Él encontró a David. Y desde allá, más allá de las estrellas, tomó cuidado de David y empezó a moldearlo en un hombre de fe y acción. Su carácter fue desarrollado bajo la dirección del Espíritu Santo.

La vida de David cambió en un momento.

El profeta Samuel fue enviado por Dios al pequeño pueblo de Belén donde vivía David. Aunque nadie más

La adoración es una elección

supiese, Samuel sabía que él iría a ungir a uno de los hijos de Isaí como el próximo rey de Israel. Dijo a la gente del pueblo que había venido a ofrecer un sacrificio al Señor, y los invitó a venir con él para el sacrificio.

Cuando fijó su mirada sobre Eliab, el primogénito de Isaí, pensó para sí mismo, "¡Qué excelente elección!". Pero Dios le corrigió y le recordó que Él no mira la apariencia externa, sino el corazón. Dios rechazó a cada uno de los hijos de Isaí hasta que presionados por Samuel, corrieron al campo para traer con ellos al hijo olvidado, David.

Nada cambió inmediatamente para David. No llegó a ser rey de la noche a la mañana. Pero el plan divino fue puesto en acción. David empezó a escalar en el camino a dicho plan... sirvió como músico del rey Saúl, mató luego al gigante Goliat, y más tarde llegó a ser un general en el ejército, el más amado por sus tropas, aun más que el rey.

El rey Saúl llegó a sentirse celoso de la popularidad de David, y debido a ello David pasó los últimos años de la vida de Saúl, escapando. No fue hasta después de la muerte de Saúl en un campo de batalla, que David llegó a ser rey.

A través de toda su vida, David fue poeta y músico, escribió al menos 73 de los cánticos que componen los 150 cánticos del libro de Los Salmos. Él es ciertamente el más famoso adorador de todos los tiempos, conocido por algunas increíbles hazañas en su vida, como también por devastadores fracasos. A pesar de esos fracasos David es descrito como un hombre conforme al corazón de Dios. Él lo reconoció como un adorador.

Pero uno de los errores de David, le costó la vida de su hijo. Esta historia se inicia en II Samuel 11. Encontramos que David envió a su ejército a la batalla. En vez de ir con ellos como correspondía, se quedó en Jerusalén. Al levantarse de su siesta una tarde, caminó al balcón de su alcoba, y he aquí, vio a una hermosa mujer tomando un baño. Luego de quedarse boquiabierto, averiguó que ella era Betsabé, la esposa de Urías, uno de sus leales guerreros.

No sé cuánto tiempo le tomó, pero en algún momento David envió por ella. Ella vino al palacio y se acostó con él. La siguiente noticia fue que ella estaba embarazada. David se llenó de pánico. Dio la espalda a su integridad y decidió cubrir su delito.

Su plan era bastante simple. Envió por Urías, pidió que le informara sobre el desarrollo de la batalla y luego lo envió a su casa para que duerma con su esposa esa noche. Ya sabes lo que David estuvo pensando, ¿verdad? El esposo

La adoración es una elección

se reencuentra con su esposa a la que tanto ha extrañado, duermen juntos, y... Urías nunca se enteraría que su esposa ya estaba embarazada antes de acostarse con él.

Pero Urías no podía imaginarse gozando de las comodidades del hogar mientras que sus compañeros en armas sufrían los rigores de la guerra, así que durmió con los servidores del palacio. A la mañana siguiente, cuando David conoció la situación, desarrolló su Plan B. Hizo emborrachar a Urías y así lo envió a su casa. Pero otra vez Urías no fue allá.

David se envileció aún más, protagonizando uno de los más retorcidos episodios de su vida. Escribió a su general una nota con la sentencia de muerte de Urías, que la envió con él mismo. El general lo leyó, cumplió con la orden, y Urías murió.

Entonces, David se casó con Betsabé. Y, bueno, todo estaba cubierto... nadie nunca lo sabría.

Pero Dios no estaba contento. Así que envió al profeta Natán para arreglar cuentas con David. Él removió su basurero y muy pronto David lo comprendió, "He pecado contra Dios". Estaba arrepentido.

Dios ama el corazón arrepentido, pero eso no anula las consecuencias de nuestro pecado. Dios permitió que David viviese, porque Dios perdona, pero la consecuencia de su pecado fue que el hijo nacido de Betsabé muriese. David oró desesperadamente suplicando a Dios que no lo haga. Ayunó y se acostó en el piso rehusando abandonar el dormitorio del bebé. Pero Dios tomó la vida del bebé. El pecado es serio delante de Dios, especialmente el pecado de uno de Sus líderes.

Tan pronto como David comprendió que su hijo había muerto, se levantó, lavó su rostro, peinó sus cabellos, se cambió las ropas, y –hecho esto– salió para adorar.

Pienso que esta historia es increíble. Enriquece nuestro entendimiento acerca de David, acerca de Dios, y acerca de la adoración.

Adorar es una decisión que tomamos a pesar de nuestras circunstancias y/o sentimientos.

Sospecho que el problema que tenemos con este concepto no es uno de los básicos – sabemos en nuestro corazón que así es. Sospecho que la raíz de nuestro problema es un asunto de control, la falta de disposición a rendirnos.

Disfrutamos de lo bueno, y nos frustra lo malo. Preferimos los picos elevados a los valles profundos. Deseamos que la vida sea un lecho de rosas sin espinas.

La adoración es una elección

Desafortunadamente nuestras vidas están llenas de maldad, de valles profundos, y de espinas. Nuestras vidas están llenas de... pues, qué decir... platos sucios. Batallamos por lograr que las cosas terminen bien. Nuestros hijos, al tomar sus propias decisiones, a veces toman decisiones que los lastiman y determinan su futuro. Perdemos nuestro trabajo, nuestro matrimonio, nuestra salud, y como David, a nuestros amados. Vivimos en conflicto.

Y en la cima de nuestras dificultades, estamos tan ocupados en el hacer que borramos toda consciencia de lo que está a nuestro alrededor, que nos es difícil encontrar gozo en el simplemente ser. Estamos tan cansados, que cada lunes tomamos impulso de atrás hacia adelante para encarar la vorágine de otros siete días.

Francamente, no nos sentimos dispuestos como para adorar. David estaba de duelo, llorando. Él no se sentía con ánimo de adorar. Probablemente se sentía culpable; después de todo, su pecado fue lo que causó la muerte del bebé. Pero escogió adorar. Dios había revelado Su rectitud, justicia y misericordia a David. Dios merecía ser adorado. Y David escogió adorarle a causa de aquellas realidades de Su carácter, y no a pesar de ellas. Escogió celebrar el hecho que el Dios a quien servía es recto, justo, y misericordioso. Pudo haber escogido darle la espalda a Dios, pero no lo hizo.

Es fácil adorar cuando todo va bien en la vida. No hay nada como sentirse en la cima de una montaña con Dios de nuestro lado. ¿Y quién no quisiera más de estas experiencias? Aunque nos olvidemos, reconocemos estos picos elevados, debido a que hemos estado en el valle primero.

¿Cómo se vería nuestra vida, si decidiéramos hacer de cada momento un momento de adoración?

A pesar de las circunstancias que encaramos en nuestras vidas, cuando escogemos adorar en medio de la tormenta, estamos diciendo, "Confío en Ti, oh Dios. Sé que eres bueno, y que tienes un plan y propósito para mi vida".

Si no podemos adorarlo cuando las cosas en nuestra vida están en su peor momento, ¿cómo puede nuestra adoración significar algo cuando nuestras circunstancias están en lo mejor? Él sigue siendo Dios, y está en control en ambas situaciones.

Hace algunos años alguien en quien confiaba profundamente, defraudó aquella confianza de una manera

La adoración es una elección

terrible. Como nunca, sentí su traición como una puñalada en el corazón. Fui lastimado de tal manera que hasta ahora lo recuerdo con dolor, estuve listo a dejarlo todo como líder de alabanza; incluso cuestioné mi llamado.

Me recuerdo yendo a casa para encontrarme con mi esposa, DeeDee, preguntándome cómo iba a conducir a mi esposa a través de este valle. Me volví a la mejor fuente de sabiduría que conozco, mi Biblia, y Dios me condujo a Hebreos 4.

Pues la palabra de Dios es viva y poderosa. Es más cortante que cualquier espada de dos filos; penetra entre el alma y el espíritu, entre la articulación y la médula del hueso. Deja al descubierto nuestros pensamientos y deseos más íntimos. No hay nada en toda la creación que esté oculto a Dios. Todo está desnudo y expuesto ante sus ojos; y es a él a quien rendimos cuentas. Hebreos 4:12-13 [NTV]

Supe en aquel momento que toda prueba que alguna vez enfrenté era parte de mi entrenamiento para este momento. Podía responder a ello de dos maneras, confiando en Dios o escarbando el dolor de mi herida. Entendí dentro de mí, con el corazón desnudo ante Dios, que Él quería saber que había escogido adorarle. La historia de cómo Dios restauró mi corazón es increíble.

Hacer esta clase de elección no es fácil. Confiar en la soberanía de Dios por lo general toma práctica, y usualmente se logra después de ensayo y error una y otra vez. Pero cada vez que he fallado, he retomado el rumbo y lo he intentado una vez más.

Cada día está lleno de oportunidades para practicar elegir una vida de adoración.

¿Cuál será tu elección?

La adoración es una elección

Para nuestra reflexión:

1. ¿Estás pasando por una situación en la que necesitas decidir adorarle?

2. ¿Qué es lo que Dios encuentra cuando mira en tu corazón?

3. Ora para que Dios te muestre cualquier cosa en tu vida que estás rehusando rendirle.

4. ¿Estás tan ocupado en el hacer que no das tiempo suficiente al simplemente ser?

5. ¿Cuál es tu última experiencia en la cima? ¿Cuál ha sido tu último valle de sombras? ¿Cómo te demostró Dios su fidelidad a través de ambas experiencias?

Capítulo 8

La adoración
es para un solo espectador

Tenía 10 años cuando me involucré por primera vez en la actuación como una forma de comunicación. Era un estudiante precoz del quinto grado que gustaba de ayudar en la biblioteca de la escuela. Un día encontré un estante con obras de teatro y empecé a leerlos. Encontré una que particularmente me gustó, y de algún modo convencí a mi profesor y a la administración de la escuela que me permitiesen presentar, producir y dirigir 'esta gran obra de arte', yo tendría el rol principal.

Desde la perspectiva de un alumno de quinto grado, esta era una obra de arte (aunque estoy seguro que fue un desencanto para cualquier adulto). Pero actuar no era lo mío y entonces opté por la música. Las lecciones de guitarra me llevaron a aprender a tocar piano por mi cuenta, lo que fue posible gracias a un primer período de participación en el coro, ya que no teníamos piano en casa. El resto es, como suele decirse, historia.

Desde aquellos años infantiles he cantado miles de canciones, en cientos de escenarios, con músicos de todo calibre.

Quizá porque he trabajado tan de cerca con músicos y oradores dentro y fuera del escenario, nunca pensé en ellos como algo especial sino como gente normal (aunque... normal podría no ser una calificación adecuada porque pueden ser muy peculiares o excéntricos). Lo que quiero decir es que, sea la fama o el prestigio que gozaban, nunca los puse en un pedestal. No soy fanático de las celebridades y me sorprende a veces cuando alguien lo es, especialmente cuando lo es con respecto a mí.

Estaba en Italia en un viaje misionero. Cinco preciosas semanas en la que es afectuosamente llamada "la axila" de Italia, Nápoles. En realidad, tiene algunos lugares muy hermosos y la gente lo super compensa por cualquier parte que pudiera ser desagradable.

En mi rol entonces, no estaba representando a la iglesia directamente, sino a Ministerio Internacional DELTA] (me

La adoración es para un solo espectador

atrevo a decir que es la más excelente organización de proyectos misioneros de corto plazo en el mundo) aunque algunos miembros de mi iglesia estaban en el equipo.

Un día me senté para almorzar con ellos. Era raro disponer de un momento para relajarse, por eso quise aprovechar la oportunidad para evaluar cómo estaban y cómo manejaban el estar lejos de su hogar. Timmie estaba en la mesa, la había visto en la iglesia, pero nunca la había tratado.

El almuerzo fue delicioso y la conversación entretenida. Casi estábamos terminando cuando sorpresivamente Timmie se dirigió a mí. "Chris" –me dijo– "estoy tan contenta que hayas venido a sentarte con nosotros. Quise hablarte, muchas veces cuando nos cruzábamos por los pasillos de la iglesia. Pero cada vez que intentaba hacerlo, me detenía, porque te veía tan lejos de mí, tan inaccesible".

Evidentemente, el estrado desde el cual yo cantaba regularmente había llegado a ser, para Timmie, un pedestal en el que ella me había puesto, lejano, inaccesible.

No era algo que yo había buscado. Por eso me reí, y le dije: "Timmie, al ponerme los pantalones, lo hago como cualquier otra persona, primero una pierna y luego la otra, en nada soy diferente a los demás".

Vivimos en una cultura que ama poner a la gente en pedestales. Siempre estamos buscando héroes. Buscando escaparnos del atolladero diario en el cual vivimos. Vivimos vicariamente a través de las vidas de los ricos y famosos, nos vemos a nosotros mismos intentando escobillar el hombro de alguien "famoso" aun cuando su fama es nebulosa en muchos casos. Cuando estuve en la Escuela, cogí de la mano a Amy Grant mientras ella cantaba en el escenario en uno de sus conciertos... ¡ooooh!

Y ocurre que cuando nuestros "héroes" no están a la altura de nuestras expectativas, nos compensamos destruyéndolos, despedazando sus vidas por cada decisión que hayan podido tomar, juzgándolos... esperando sentirnos mejor con eso.

Sea que vivamos nuestras vidas en el escenario de la vida pública o no, es fácil caer en la trampa de hacer las cosas dominados por el criterio de impresionar o complacer a otros, o cuidándonos de no ser juzgados por ellos.

> A la auténtica adoración le interesa solo la opinión de UNO.

La adoración no funciona así. La auténtica adoración no se preocupa por la opinión de otros.

La adoración es para un solo espectador

A la auténtica adoración le interesa solo la opinión de UNO.

Si recordamos el capítulo dos, el Arca del Pacto todavía no había completado su recorrido a la ciudad de David, Jerusalén. Después del deceso de Uza, David, en su cólera (y temor) a Dios, decidió conducir el Arca a la propiedad de Obed-Edom. Por tres meses, la presencia de Dios bendijo extraordinariamente a la familia de Obed-Edom.

Al saber esto David, igual como nosotros lo haríamos, decidió que quería disfrutarlo también. Así que intentó, una vez más, traer el Arca a Jerusalén.

Otra vez hubo una multitud de gente, una gran fiesta. Ellos iban danzando en camino a Jerusalén con David por delante, celebrando y regocijándose con absoluta entrega y abandono ante Dios.

Un concepto equivocado que se tiene, es que David danzaba vestido tan solo con su ropa interior, otros inclusive dicen que desnudo. Hace algún tiempo cierto equipo de alabanza me dijo que había decidido ensayar como David danzó. No sé en qué estaban pensando y tampoco quién fue la persona que los descubrió o vio en tal ejercicio. Fue su último ensayo como parte de un equipo de Adoración.

David estaba vestido. Llevaba un efod de lino, la túnica que los sacerdotes usaban. El punto de este pasaje no es lo que David vestía, sino lo que 'no vestía'. Él había puesto a un lado sus ropas reales y estaba vestido como cualquier paisano. A él no le importaba su posición. Ni le importaba lo que la gente pensara de él. Simplemente estaba siendo y actuando como cualquier otro lo haría.

Cuando llegaron a la ciudad, la esposa de David, Mical escuchó el alboroto, y salió a mirar por la ventana. Vio a David saltando y dirigiendo la danza del Arca ante Dios, al verlo así, su corazón se llenó de fastidio con respecto a David. En su mente, él con sus acciones estaba denigrándose a sí mismo delante del pueblo.

Cuando terminó el día, llegó a su casa, y la encontró esperándolo. Con su voz escupiendo sarcasmo le dijo:

¡Qué distinguido se veía hoy el rey de Israel, exhibiéndose descaradamente delante de las sirvientas tal como lo haría cualquier persona vulgar!
II Samuel 6:20 [NTV]

Esta fue su respuesta:

¡Estaba danzando delante del Señor, quien me eligió por encima de tu padre y de su familia! Él me designó como el líder de Israel, el pueblo del Señor, y de este modo celebro delante de él. ¡Así es, y estoy dispuesto a

La adoración es para un solo espectador

quedar en ridículo e incluso a ser humillado ante mis propios ojos! Pero esas sirvientas que mencionaste, ¡de seguro seguirán pensando que soy distinguido!

II Samuel 6:21-22 [NTV]

Dios debe haber estado de acuerdo con David, porque Mical quedó estéril el resto de su vida. Cuando adoramos, Dios es el único en la audiencia.

Pero la historia no termina allí. Cuando finalmente el Arca fue ubicada en Jerusalén, David reunió al pueblo de Israel para celebrar la presencia de Dios en Jerusalén. Fue otra gran celebración.

> Cuando adoramos, Dios es el único en la audiencia.

Y cuando las festividades concluyeron y cada cual se fue a su casa, él nombró a los músicos levitas para ministrar regularmente ante el Arca. Profundicemos un poco.

No habían servicios regulares eclesiásticos en Jerusalén en aquel tiempo. Cuando Israel quería ofrecer sacrificio de adoración a Dios, ellos iban a Gabaón. Esto significa, que durante todo el recorrido, los músicos –al cantar, tocar sus instrumentos, danzar– estaban adorando la presencia de Dios. La única audiencia era Él.

Sea que estés en el servicio de la iglesia, adorando con otros cientos de personas, o limpiando tu casa en soledad; si le estás adorando, Él es tu única audiencia.

Y desde que 'el espectáculo' que es nuestra vida tiene audiencia asegurada y permanente, deberíamos incorporar los principios de David.

Primero, la adoración desenfrenada de David fue motivada por su gratitud, gratitud por todo lo que Dios había hecho por él. David reconoció el increíble privilegio que el Creador le había concedido al hacerlo rey. Pudo haber sido dejado en los campos cuidando las ovejas, olvidado por todos, inclusive por su familia. Pero Dios lo arrebató de los pastizales y lo estableció en un palacio.

Nosotros también hemos sido escogidos por el Creador, para pertenecer a la familia real (mira Efesios 1:5-6). Él pudo habernos ignorado, allí, olvidados en el campo. Y aunque algunos tratan de retornar allí, definitivamente ese ya no es nuestro hogar.

Recogidos en increíble gracia hemos sido lavados y limpiados, puestos en un nuevo rumbo, uno que nos conduce a una eterna relación con Dios, quien tomó extraordinarias medidas para hacerlo realidad. Ya no somos los mismos. Ahora tenemos al Dios Viviente, literalmente viviendo en

La adoración es para un solo espectador

nosotros y dándonos el poder para seguir adelante en este nuevo rumbo.

Por eso, tenemos mucho por lo cual estar agradecidos. Vivimos en el país más rico y más avanzado del mundo. Si ganas más de $10,000 al año, te encuentras dentro del 10% de la gente con más altos ingresos. Tenemos abundancia de agua potable, servicio de electricidad confiable, ducha caliente cuando quieras, alimento que aun se desperdicia, y películas a tu particular disposición.

Si esto no es suficiente para ti, el que tan solo respires, ¿no lo es?, ¿qué más necesitas? Nada de esto mereces. Cuenta tus bendiciones y recuerda quién es el que te las da.

Segundo, David también reconoció que su llamado a ser un adorador dejaba en segundo plano su posición como rey. Entendió que lo que hacía era menos importante de lo que él era. Dios no necesitaba a David como rey. Él pudo fácilmente haber encontrado algún otro –tal como encontró a David, cuando Saúl el primer rey de Israel olvidó este principio.

David ya era un adorador estando solo con sus ovejas, mientras gozaba de la presencia de Dios bajo las estrellas. David ya era un adorador cuando parado frente a Goliat lo enfrentó con cinco piedras lisas en su mano. David ya era un adorador cuando encogido al fondo de una cueva esperó que el rey, Saúl, descansara, y pudiendo hacerlo, no lo mató, sino que le perdonó. David ya era un adorador sin importar sus circunstancias, y tantas veces a pesar de ellas.

Como David, nuestro llamado a ser adoradores desplaza a todo lo demás. Tenemos la tendencia a elevar lo que hacemos para Dios sobre lo que somos con Dios. Dios no nos necesita para hacer algo a favor de Él. Nuestras circunstancias son tan solo herramientas que él usa para discipularnos. Dios nos llama a estar con Él. Dios quiere que seamos adoradores, hombres y mujeres que orienten su vida a Su presencia.

> Dios nos llama a estar con Él. Dios quiere que seamos adoradores, hombres y mujeres que orienten su vida a Su presencia.

Cuando revertimos el orden llegamos a ser como Mical, la esposa de David. Observamos cómo se desarrolla la adoración ajena a nosotros –con alguien más– y juzgamos su desempeño. Nos constituimos en espectadores mientras la adoración ocurre a nuestro alrededor, nunca experimentamos a Dios como Él lo designó.

La adoración es para un solo espectador

Tercero, la desenfrenada adoración de David fue motivada por el deseo de estar en la presencia de Dios. La vida entera de David fue un testamento a este principio, miremos tan solo este particular pasaje. David pudo haber observado la fiesta desde lejos con su esposa Mical. Pudo haberse subido al carruaje real y supervisar una vez más la ordenada procesión.

Pero adorar desde lejos nunca fue una opción para David. Él quiso bajar y ensuciarse (en un buen sentido) cuando viniese a la presencia de Dios. Si fuera su caso, el habría estado peleando con Dios como Jacob. Son de su propia pluma estas expresiones anhelantes:

...Me llenarás de alegría en tu presencia,

Cual ciervo jadeante en busca del agua, así te busca, oh Dios, todo mi ser.

Anhelo con el alma los atrios del Señor; casi agonizo por estar en ellos. Salmo 16:11; 42:1; 84:2 [NVI]

Estas no son palabras de un hombre que estaría contento con adorar a Dios de lejos.

En la presencia de Dios, en donde el control no es nuestro, hay plenitud de gozo para nosotros también. Hay libertad. Hay hambre de plenitud. Hay paz. Hay celebración.

En la presencia de Dios, la opinión de nadie más cuenta. Pero generalmente no nos gusta tener a Dios tan cerca que podremos tocarle. Darle el control nos asusta a la mayoría de nosotros. Y así vamos viviendo nuestros días, encarando los problemas, haciendo dinero, reprendiendo a los niños (y tristemente, para algunos, aun yendo a la iglesia), con quizá ningún pensamiento al hecho de que siempre tenemos una Audiencia. Y a nuestra Audiencia le gusta del "espectáculo" cuando es interactivo.

El que no estemos conscientes de Su presencia no lo hace menos real. ¿Qué vas a hacer para ser semejante a David?

La adoración es para un solo espectador

Para nuestra reflexión:

1. ¿Tu audiencia está conformada por más de uno? ¿A quién más podrías estar buscando complacer?

2. Escribe una lista de 10 cosas por las cuales estás agradecido.

3. ¿Cómo puede suceder que lo que hacemos termine siendo más importante de lo que somos?

4. ¿Cómo podrías ser crítico de la adoración ajena?

5. ¿Qué es lo que motiva tu deseo de adorar?

6. Ora para que Dios te muestre aquello que podría estar estorbando tu adoración.

Capítulo 9
La adoración
es amar a otros

COMO MUCHOS ADOLESCENTES, entré a la adultez con una muy baja estima personal. El abuso que había sido parte de mi vida desde los tres años, combinado con los difíciles años en la escuela primaria y secundaria, dejaron en mí el sentimiento de que valía muy poco para ser amado.

Si hubiera sabido entonces lo que aprendí cuando estaba en mis treintas, mi vida hubiese sido diferente; aunque no estoy seguro si mejor.

Durante mis años en la educación superior, y cuando estaba en mis veintes, pensaba que si podía resolver los problemas de alguna otra persona, esta me amaría. En mi lugar de trabajo, en las iglesias donde me congregué, con mis amigos, trataba de llegar a ser indispensable.

Si alguien tenía un problema con su computadora, procuraba arreglarla... y ser amado. Cuando había alguna necesidad imprevista en el trabajo, me esforzaba por aprender lo que fuera necesario para cubrir el vacío. Así es como aprendí sobre contabilidad, registro de salarios, recursos humanos, marketing, diseño gráfico y edición de videos. Buscaba amor en todos los lugares equivocados.

Era evidente que esto no era un saludable ni recíproco modo de encontrar amor. Debería haber leído Efesios y algo de los Salmos con mayor interés. La Palabra de Dios definitivamente tenía las respuestas que estuve buscando (aunque no lo entendí en aquel tiempo).

No fue hasta que cumplí los 33 cuando una conversación con alguien, que era tan infeliz como yo, disparó un momento "a-ah". Estaba sentado en mi oficina con Karen, quien estaba batallando con el problema de otra persona. Cuando me abrió su corazón, ella quiso que yo comparta más de mí en el más grande contexto de nuestro equipo de adoración.

Me fijé en ella, con el rostro confundido, y le dije que no podía imaginar que alguien estuviera interesado acerca de lo que ocurría en mi corazón. Ella dijo simplemente, "Pienso que estás equivocado. Hay mucha gente que se preocupa

La adoración es amar a otros

por ti". Imagínate eso. Su simple comentario cambió la trayectoria de mi vida.

Pero así como cada moneda tiene dos caras, hay un aspecto positivo en relación a mi enfermiza búsqueda de amor. Había llegado a ser un 'bueno para todo' (aunque definitivamente 'experto en nada'). Y aprendí temprano sobre lo que una vida de servicio significaba.

Llegué a ser bombero.

Así es como describo mi rol a veces. Ayudo a resolver los problemas de la gente. Soy un apaga incendios. Consecuentemente tú pensabas que solo era un pastor de alabanza en la iglesia.

Cada vez que alguien traspasa mi puerta buscando ayuda, tengo la oportunidad de ser una bendición a él (o ella). Ninguna persona que traspasa mi puerta buscando ayuda es una interrupción. Ellos me dan la oportunidad de expresar adoración en un modo palpable. Cuando bendecimos a otros, bendecimos a Dios. Cuando bendecimos a Dios, estamos adorando.

En la última semana de su ministerio en la tierra, el Señor Jesús empleó bastante de su tiempo en el Templo enseñando, confrontando y sorprendiendo a los que lo escuchaban, aun a los líderes, o quizás, especialmente a los líderes.

Los fariseos se reunieron al oír que Jesús había hecho callar a los saduceos. Uno de ellos, experto en la ley, le tendió una trampa con esta pregunta: —Maestro, ¿cuál es el mandamiento más importante de la ley? —"Ama al Señor tu Dios con todo tu corazón, con todo tu ser y con toda tu mente" —le respondió Jesús—. Éste es el primero y el más importante de los mandamientos. El segundo se parece a éste: "Ama a tu prójimo como a ti mismo." De estos dos mandamientos dependen toda la ley y los profetas.
Mateo 22:34-40 [NVI]

Era práctica normal entre los rabinos el reunirse para discutir la ley. En efecto, parte del proceso en la educación de aquellos que estudiaban para ser rabinos era formular preguntas como esta, y luego debatir la respuesta.

No estoy convencido de que la pregunta fuese una trampa para atrapar al Señor, pero sí pienso que esperaban lograr atraparlo en el desarrollo de la discusión.

La respuesta de Jesús no los sorprende. Pero su significado es increíblemente importante para que nosotros lo dejemos pasar de largo. La primera ley que Él menciona encierra dentro de sí el corazón de la adoración.

La adoración es amar a otros

Amar a Dios con toda la fibra de nuestro ser, tanto físico, como emocional, intelectual, y espiritual, esto es adoración. Nadie en aquel momento estaría en desacuerdo con Él. En realidad los buenos judíos repetían este verso (citándolo del Antiguo Testamento) dos veces al día.

Pero Jesús no se detuvo allí. Desde Su posición no solo hay un Gran Mandamiento, sino dos. Y el segundo no es menos importante que el primero. Es igual.

Ama a tu prójimo como a ti mismo.

A ver si entendemos correctamente desde la perspectiva de Jesús: Si amamos a Dios, entonces amaremos a nuestros semejantes. Cuando amamos a nuestros semejantes, estamos amando a Dios.

El raciocinio inverso es también amenazadoramente verdadero. Si no amamos a otros, no amamos a Dios. ¡Oh,... oh!

No habría problema si todos fuéramos fáciles de amar. Puedo amar a alguien así. ¡Cuán triste es que sea tan reducido el número de personas fáciles de amar en nuestro entorno, ¿verdad?¡ ¿Piensas que Dios nos estará probando? Quizás para que continuemos creciendo, o ¿tiene algún otro propósito?

A lo largo de todo su ministerio terrenal, el Señor Jesús

fue muy puntual al hablarnos acerca del tipo de relaciones que deberíamos tener los unos con los otros. Él nos llama a amar a nuestro prójimo, y a... nuestros enemigos. Nos enseña a no juzgar y aun cómo debemos tratar a los menos afortunados que nosotros.

En una sección del Sermón del Monte, específicamente en Mateo 5, el evangelista registra las palabras del Señor en relación al deseo de vengarnos cuando somos lastimados:

«Ustedes han oído que se dijo: "Ojo por ojo y diente por diente." Pero yo les digo: No resistan al que les haga mal. Si alguien te da una bofetada en la mejilla derecha, vuélvele también la otra. Si alguien te pone pleito para quitarte la capa, déjale también la camisa. Si alguien te obliga a llevarle la carga un kilómetro, llévasela dos. Al que te pida, dale; y al que quiera tomar de ti prestado, no le vuelvas la espalda.
Mateo 5:38-42 [NVI]

En estos pocos versos encontramos un principio que ayudará a convertir nuestra interacción con otros en un acto de adoración. Es llamado "El principio de la milla extra" (o "el kilómetro extra").

No hay nada extraño con la primera milla. En la primera milla tú estás haciendo lo que se te ha pedido. Mirando

La adoración es amar a otros

desde la perspectiva más saludable, en la primera milla no rehusaste a realizar el esfuerzo de la jornada. En la primera milla, tú estás sirviendo a alguien.

El problema con la primera milla se daría si vas murmurando, gimiendo, quejándote. Podrías hacer la primera milla con una mala actitud. Pero una mala actitud te priva de cualquier propósito de adoración. Es tan fácil desperdiciar esta primera milla en la oportunidad de adorar a Dios por medio de ella.

Pero, al momento que das el primer paso en la segunda milla, estás 'cogiendo al toro por las astas'. Ya no estás haciendo lo que se te ha pedido, sino que has escogido voluntariamente unirte a alguien en su jornada, le estás sirviendo, ofrendándole tu corazón a lo largo del camino. En la milla extra tu corazón está comprometido en el ejercicio de honrar a Dios.

En esta milla adicional, estás adorando.

He aquí algunos ejemplos prácticos de la milla extra:

- Estás caminando por el pasadizo en el lugar de trabajo; es un día muy ocupado, con muchas cosas urgentes por hacer. Al cruzarte con un compañero, él te dice, 'hola'. La respuesta de la primera milla sería responder el saludo y continuar caminando.

En la milla extra, te detienes, le sonríes mirándole a los ojos, y le preguntas cómo ha estado su día.

- Estás manejando, y el tráfico está tan pesado, cuando ese 'chofer desconsiderado' (siempre nos encontramos con aquel fulano, para quién desearíamos que el policía lo detenga), acelera y se encaja exactamente en el reducido espacio entre el carro de adelante de la línea y tú, poco antes de la salida. "En realidad, ¿qué diferencia hace un carro más en la línea?" piensas. Esta es tu respuesta de la primera milla, lo dejas actuar y escasamente murmuras dentro de ti. La milla extra consiste en dejarlo actuar; no te molestas, pero también elevas tu corazón a Dios orando que cualquiera que sea la situación que lo lleve a estar tan apurado y frenético, el Señor lo resuelva para su bendición.

- El lavadero de platos está lleno otra vez y ninguno de esos platos son tuyos. Además, el lugar donde estos se colocan para escurrirlos tiene una ruma de platos secos y listos para ser ubicados en sus respectivos estantes. La mayoría de nosotros ni siquiera pensamos en ocuparnos del asunto. Ni siquiera llegamos a la primera milla. Los que lo

La adoración es amar a otros

hacemos, usualmente lo hacemos renegando por la falta de consideración para todos los que estamos en casa. La milla extra, le pone una "S" a la tarea (la 's' de 'sonríe, Dios te ama') y sacrifica los 10 minutos por el resto de la familia, que pueden estar muy ocupados, quién sabe; y ora por cada uno de ellos mientras está limpiando la cocina.

De ningún modo pretendo trivializar cada situación individual o siquiera excusar el mal proceder de nadie. Ni tampoco quiero dar entender que debes permitir que todos te pisoteen y nunca cambien su mala conducta (definitivamente esto no es amor). Mi enfoque no está en ellos, sino en ti, y en cómo haces de la interacción con otros un acto de adoración.

Dios bendice la milla extra. ¡Él ama estar contigo en tu esfuerzo adicional.

En su antepenúltimo año en la escuela secundaria, mi hija, Lexi, se desgarró el cartílago del hueso de su hombro en dos lugares. Se necesitó dos meses de citas médicas y terapias físicas para que los profesionales decidieran que definitivamente necesitaba cirugía, y después de eso siguieron muchos meses más de terapia física.

Debido a que mi horario de trabajo es, bendito sea Dios,

tan flexible, llegó a ser mi responsabilidad recogerla de la escuela y llevarla a su cita cada dos, y hasta tres veces por semana. Era poco conveniente e improductivo desde mi perspectiva laboral. Demandaba horas de reajustes con mis responsabilidades en las noches y fines de semana.

Viendo la situación en el entendimiento de la primera milla me hubiera sido más fácil recogerla del colegio y dejarla para su cita, y cuando fuese la hora volver a recogerla. Pero esto pudo también hacerla sentir culpable por haberse lastimado (en primer lugar ya sufría lo suficiente como para añadir algo más), pero también pudo hacerla sentir que no era tan importante para mí como lo era mi trabajo y mis otras responsabilidades.

Me decidí por la milla extra. Por meses tuvimos el privilegio de trajinar juntos, esperar juntos, hablar y reír juntos. Como un pasajero cautivo en el carro, ella no podía escapar a mis preguntas acerca de sus clases, sus amigos, su futuro.

Al final de esta milla extra, nuestra relación fue más profunda como nunca antes (de por sí siempre había sido hermosa). Ella sabía, ahora más que nunca, que su papá estaba con ella, de su lado, y que se tiraría al suelo por ella. Fue derribada toda pared que el típico adolescente tiene

La adoración es amar a otros

con sus padres.

Dios habita, ¡Dios está en la milla extra!

Reconozcámoslo, emprender el camino de la segunda milla es fácil cuando la persona que recibe el beneficio es alguien a quien amamos, o al menos apreciamos. Es mucho más difícil cuando es alguien cuya forma de ser nos molesta o irrita.

Pues bien, la falta de afecto en nuestra parte no nos libra de la responsabilidad. El contexto del principio de la segunda milla o milla extra en la enseñanza de Jesús se enfoca en aquellos que son... nada fáciles de amar.

Mi verso preferido se encuentra en Mateo 5:16, Hagan brillar su luz delante de todos, para que ellos puedan ver las buenas obras de ustedes y alaben al Padre que está en el cielo.

> Cuando vamos a la milla extra por alguien, especialmente alguien a quien es un desafío servir, nuestra luz es más brillante.

Cuando vamos a la milla extra por alguien, especialmente alguien a quien es un desafío servir, nuestra luz es más brillante. A mayor brillo, mayor gloria a Dios. A mayor gloria a Dios, más sublime adoración.

Si queremos que nuestra adoración resplandezca, debemos amar al modo que Cristo nos llama a amar, asumiendo la milla extra con Él.

La adoración es amar a otros

Para nuestra reflexión:

1. ¿De qué maneras eres una bendición para otros?

2. ¿Cuál sería una forma de bendecir a alguien en tu entorno, a quien no es fácil amar?

3. ¿En qué relación o situación aún estás en la primera milla?

4. ¿Cuánto piensas que te pueda costar moverte a la segunda milla? Sé específico y definido.

Capítulo 10
La adoración
es un estilo de vida

Me gusta dar un buen regalo. No hay nada como observar a alguien desenvolviendo un regalo que signifique el mejor regalo para aquel momento de su vida.

Hace unos años atrás buscamos dar aquel perfecto regalo a mi hijo Josh. Como todo muchacho de 12 años con talento para la música, soñaba con el día que estuviera tocando la guitarra delante de miles. Él ya era feliz con su guitarra acústica, pero ningún muchacho se imagina en una banda de rock tocando una de ellas. No es tan emocionante rasguear una guitarra acústica como lo es puntear un solo en una guitarra eléctrica, con el bajo y las baterías respaldándote.

Siendo la clase de padres que desean ser bien cuidados

cuando lleguen a viejos, empezamos a buscar por el instrumento perfecto, un amplificador, la pretina para colgarla del hombro y el estuche. Entendíamos claramente que nuestro presupuesto debería cubrir la alternativa que nuestro hijo no nos estuviera pidiendo una guitarra por muchos cumpleaños y navidades en adelante.

Si investigas, podrías encontrar el set de guitarra y amplificador en algunas de las tiendas minoristas o supermercados con un presupuesto aun debajo de los $200, pero recibes aquello por lo que pagas. Y si tu hijo va en serio con la música, no pasará mucho tiempo antes de que esté demandándote una guitarra más actualizada. Para los músicos serios, actualizar un instrumento es lo mismo que actualizar tu computadora, esto es reemplazarla por una más sofisticada, la última en el mercado... una y otra vez. Siempre aparecerá una más especial y mejor.

Nuestra desesperación nos condujo a conversar con nuestro amigo Stan. Él tiene lo último en cuanto a guitarras. Stan es dueño de algo así como 27 guitarras. Las que más le gustan tienen nombre. Te presenta a Lucille, que es una Gibson ES-345 B.B., modelo King; Lester, de un granate profundo, es un Les Paul 1975; y Ashley, una guitarra que Stan exhibió en televisión ya que él mismo la diseñó y fabricó con tanto cariño (a Ashley iba a llamarla Woody pero la primera vez que la vi, le informé a Stan que esta era una chica). En fin, ¿entienden mi punto? Stan ama todo lo relacionado a guitarras eléctricas.

Stan no solo ama tocar guitarra, sino también se deleita cuando otros aprenden a hacerlo. Los otros guitarristas no son una amenaza a este humilde músico, sino que se convierten en parte de su extensa familia. A través de los años, ha invertido mucho de sí mismo en avivar la flama de la pasión en muchos guitarristas jóvenes. Él tiene un gran corazón, y para nuestra fortuna era lo suficiente grande como para albergar allí a nuestro hijo Josh.

Con la ayuda de Stan nos fue posible conseguir para Josh una guitarra eléctrica construida especialmente para él (por Stan), incluyendo el amplificador y todos sus accesorios, y a un increíble precio (quiero decir que le costó a Stan más de lo que nos costó a nosotros... y no digo más; tan solo, ¡gracias amigo!).

Así, llegó la Navidad y de ninguna manera iba a darle a mi hijo el regalo perfecto de una manera ordinaria. Como su último presente, Josh abrió una pequeña caja que contenía un simple pedazo de papel donde había una serie de pistas que lo condujeron a su nueva guitarra eléctrica. Mi muchacho de 12 años, grité como si fuera una niña, trayendo a nuestros rostros enormes sonrisas de satisfacción. Fue el regalo *perfecto*.

¿Qué regalo sería la 'ofrenda perfecta' para el Rey de Reyes y Señor de Señores? Él no solo es el dueño de todos los corderos en las miles de montañas de nuestro mundo, sino que también sustenta el universo en la palma de Su mano. Las calles de Su ciudad están pavimentadas del oro más puro, y Su fundamento está edificado con las más finas joyas del universo.

Nuestras vidas, por otro lado, son como el vapor o la neblina (revisa Santiago 4:14). ¿Qué de lo que disponemos podría significar una bendición para Él? ¿Qué podríamos ofrecerle para capturar Su corazón, para llenar Su corazón de contentamiento y alegría?

Es fácil responder a eso: nuestras vidas.

A lo largo de nuestro camino juntos, empezamos por entender que fuimos creados para adorar. Fuimos creados para conectarnos con el Dios del universo. Y, extensamente, esta conexión trasciende las fronteras de la música.

Tiene que ver con la forma cómo vivimos, con el día a día de nuestra jornada. Es una vida completamente rendida a lo que le agrada.

La adoración es un estilo de vida

¿No me crees? Mira lo que el Apóstol Pablo dice. En Romanos 12:1, escribe:

Por lo tanto, hermanos, tomando en cuenta la misericordia de Dios, les ruego que cada uno de ustedes, en adoración espiritual, ofrezca su cuerpo como sacrificio vivo, santo y agradable a Dios. [NVI]

En los primeros once capítulos de Romanos, Pablo abunda hablándonos de la "misericordia" de Dios. El capítulo 12 es una transición en el libro hacia el aspecto práctico de nuestra respuesta a las misericordias de Dios. Lo verificamos en las primeras palabras del capítulo: "Por lo tanto". Esto es, en atención a las misericordias de Dios, es tiempo de que respondamos de manera tangible.

Desde la perspectiva del apóstol Pablo, la misericordia de Dios demanda una respuesta. Puedes contemplarla en la siguiente frase: 'les ruego'. Debido a que leemos el texto de manera corrida con el resto del pasaje, por lo general pasamos por alto el énfasis con que el apóstol quiere estimularnos.

No es un 'les pido' como en 'si se ocupan de esto', o 'si sienten el hacerlo'. El lenguaje es mucho más fuerte que eso. Otras traducciones dicen 'les suplico', 'les apremio', 'les insto'. Si este fuera un e-mail a una iglesia, Pablo usaría 'letras mayúsculas', 'itálicas', y aun lo escribiría 'en negritas' para enfatizar su punto. 'LES RUEGO'. Esto es algo que ustedes deben hacer a la luz de la misericordia de Dios. La misericordia demanda una respuesta. ¿Y cuál es la respuesta? Nuestro cuerpo, ofrecido como sacrificio vivo.

> La misericordia demanda una respuesta.

Esto está en contraste con los sacrificios del Antiguo Testamento. Antes del sacrificio de Cristo en la Cruz, la misericordia de Dios requería la sangre de un sacrificio muerto. Nosotros somos llamados a ser sacrificios vivos.

Pablo no está diciendo que seamos como los judíos del Antiguo Testamento que ofrecían el sacrificio a fin de ganar el favor de Dios. Él está diciendo que nosotros seamos el sacrificio. Los judíos la tenían fácil... tan solo gastaban unos pocos pesos. Ser la oveja, seguir su huella es un poco más difícil. Demanda un compromiso serio, ser la oveja del sacrificio.

De muchas maneras, todavía nos es fácil –comparado a lo que significaba para la oveja real– pero Pablo está diciéndonos que asumamos el papel de la oveja. Y el sacrificio es esencial en la adoración.

La adoración es un estilo de vida

Así como los israelitas no podían ofrecer cualquier oveja vieja, sino solo la mejor, nosotros como sacrificios vivos debemos ofrecer lo mejor de nosotros mismos. Debe ser una ofrenda santa que busque agradar a Dios. Si queremos que el corazón de Dios se complazca en nosotros, debemos apropiarnos de las cosas de Dios.

> **Si queremos que el corazón de Dios se complazca en nosotros, debemos apropiarnos de las cosas de Dios.**

Tengo más de 35 años en la fe de Cristo, lo cual parece más del tiempo de vida que llevo (ja, ja, estoy bromeando). Pero en mis 35 años, soy honesto en declarar que es mucho más fácil decirlo que hacerlo. Sin embargo, sé que no estoy solo. Si menciono solo los últimos pocos meses como pastor, puedo decirles que he hablado con personas que han puesto en jaque su matrimonio por devaneos de infidelidad, o matrimonios que simplemente están resquebrajados. He hablado con personas con problemas de pornografía, adicción al trabajo, abuso, drogadicción, caos financiero... y podríamos seguir la lista. Todos son cristianos, como tú y yo.

Todos tenemos las mejores intenciones. Queremos ser hombres y mujeres piadosos. Queremos hacer lo correcto. Queremos darnos tiempo para leer la Biblia, orar, memorizar, y meditar en la Palabra de Dios. Queremos animarnos y edificarnos unos a otros. Sabemos que estamos en un mundo caído, con cuerpos caídos. El problema está en que, aun cuando ya somos nuevas criaturas en Cristo, vivimos, como si no lo fuéramos,

No hace mucho estaba hablando con alguien que batallaba con una adicción, y le pregunté, "¿Cuánto tiempo ya llevas tratando de salir de esto?" Su respuesta fue... "¡Cinco años!" ¿Nada ha funcionado? Pues, era obvio que no. Entonces, o ya no hay esperanza, o él tiene que cambiar su patrón –la estructura de su pensamiento, su manera de entender y encarar su problema– y tratarlo de un modo diferente.

Luego de tantos, pero tanto intentos, he llegado a la conclusión de que Chris Voigt, en sí mismo, no tiene la capacidad y el poder para apropiarse de las cosas de Dios. La santidad no es parte de mi ser natural. Lo deseo, pero no puedo introducirlo en el flujo interno de mi ser. Necesitamos ayuda en esta travesía.

En conclusión, el primer paso en la búsqueda de

La adoración es un estilo de vida 147

apropiarnos de las cosas de Dios es tener la sabiduría y humildad que nos conduzca a suplicar Su ayuda. Un corazón que busca honestamente a Dios, definitivamente lo encontrará. Él no está allí afuera en el cosmos jugando el juego de las escondidas con nadie. ¡Él quiere ser encontrado! Por tanto, cuánto más te acerques a Dios, tanto más aumentará tu deseo de más proximidad... más intimidad.

> Un corazón que busca honestamente a Dios, definitivamente lo encontrará.

Esto es lo que hizo del Rey David un hombre conforme al corazón de Dios. No es que él nunca pecó. David fue mentiroso, adúltero, homicida, su orgullo causó la muerte de setenta mil personas. Y aun así Dios lo calificó como un hombre conforme a Su corazón. ¿Su secreto? Aprendió que nunca debía permitir que el pecado se interpusiese en el camino de su relación con Dios.

Como Pablo, él entendió que la adoración es, primero y sobretodo, un acto espiritual, antes de ser un acto físico. Emana de adentro hacia afuera. No es lo que *hacemos*, sino lo que *somos*.

La adoración empieza y termina en el corazón. Podremos llegar a ser los más 'grandes siervos' en el mundo, pero separados de Cristo, nuestras acciones no nos hacen adoradores, tan solo nos hacen 'grandes siervos'. Podremos saber más acerca de Dios que ningún otro, pero separados de Cristo, solo somos gente con mucho conocimiento. No es adoración si nuestro corazón no está en el lugar correcto.

Gracias a Dios que el apóstol Pablo continúa en el verso 2 para decirnos cómo llegar a ser un 'sacrificio vivo':

No se amolden al mundo actual, sino sean transformados mediante la renovación de su mente. Así podrán comprobar cuál es la voluntad de Dios, buena, agradable y perfecta. Romanos 12:2 [NVI]

Paso uno, deja de hacer las cosas conforme al patrón de este mundo.

Desperdiciamos mucho nuestras vidas tratando de acomodarnos, de quedar bien, de no desentonar. Esto ocurre desde muy temprano en nuestras vidas. No queremos ser los últimos en ser seleccionados para un equipo en la clase de educación física. No es que necesariamente quisiéramos ser populares, solo no queremos ser el blanco de la burla, no queremos ser el 'hazmerreír' de los demás.

Así, aun cuando llegamos a adultos, queremos ser como nuestros amigos. Nos sentimos en la necesidad de acomodarnos al montón (a la tendencia dominante).

La adoración es un estilo de vida

Nuestra cultura nos impone su definición de éxito, y en esa medida trabajamos duro y esforzadamente para comprar casas más grandes, mejores carros, etc. Nos desesperamos por conseguir satisfacción, pero en los lugares equivocados. Nunca encontramos el verdadero contentamiento.

Eso es lo que el Apóstol Pablo nos demanda a resistir. Él nos está diciendo, "No pierdas la perspectiva. La vida es corta. La eternidad es larga". Somos llamados a ser extranjeros en este mundo... en el mundo, pero no del mundo... sal y luz en él. Nada en este mundo traspasará las fronteras de la eternidad, EXCEPTO nuestra adoración. En efecto, podrías mirar nuestra adoración ahora como un entrenamiento para la eternidad.

Uno de mis autores favoritos es Randy Alcorn, quien dirige el 'Ministerio Perspectiva Eterna' cuya sede está en Gresham, Oregon. El mensaje de su libro The Edge of Eternity (La frontera de la eternidad) es que, 'lo que estamos alcanzando a ser hoy día, es lo que seremos en la eternidad'. Tenemos la libertad hoy, de impactar y cambiar lo que será nuestra realidad eterna personal, una opción que no tendremos una vez que traspasemos la frontera al otro lado del tiempo. ¿Cómo quieres que luzca tu eternidad?

Permíteme decirte un pequeño secreto: Si tiene sentido

desde la perspectiva de este mundo, ¡CORRE!

No es suficiente resistir. Debemos permitirle a Dios transformar nuestras mentes.

La transformación es un proceso de toda la vida. Somos transformados con cada decisión piadosa que tomamos, cada una de estas decisiones se edifican sobre las anteriores. Aquí no existen soluciones fáciles, ni caminos alternativos más sencillos y cortos.

Hemos llegado a ser tan adoctrinados en las cosas del mundo que toma tiempo librarnos de la basura.

Cuando nos sometemos a Su liderazgo en nuestra vida, Él hace la obra de transformación. Esta es la razón por la cual se nos ha concedido el Espíritu Santo, para hacer la obra transformadora; y esto es maravilloso, ya que nosotros no tenemos que hacerla por nosotros mismos, en nuestras fuerzas, ni de ningún otro modo.

El pastor puritano Richard Baxter (que murió en 1691) oraba, "Que el Dios viviente, quien es la porción y descanso de los santos, haga de esta, nuestra mente carnal, tan espiritual, y nuestros corazones terrenales, tan celestiales, que amarlo y deleitarnos en Él, sea la obra de nuestras vidas".

El Apóstol Pablo finaliza con una promesa: Si cumples

La adoración es un estilo de vida

con todo lo anterior, conocerás la voluntad de Dios. Cuántas veces nos hemos preguntado... ¿Cuál es la voluntad de Dios para mí? ¿Cómo puedo saberlo? Contempla seriamente la promesa: ...Si vives una vida de adoración, conocerás la voluntad de Dios.

Ahora que hemos examinado estos dos versos en la Nueva Version Internacional, echemos una mirada a los mismos entraducidos tal como en The Message. Me gusta cómo se explican allí.

Así que esto es lo que quiero que hagan, con la ayuda de Dios: Tomen el cada día de su vida ordinaria – su dormir, comer, ir al trabajo, caminar... en fin, el quehacer común de su vida– y pónganlo ante Dios como una ofrenda. Abrazando las cosas que Dios les ha preparado, lo mejor de ustedes, es la mejor cosa que ustedes pueden hacer para Él. No lleguen a estar tan adaptados a su cultura, que encajen en ella sin pensarlo siquiera. En lugar de eso pongan su atención en Dios. Ustedes serán cambiados de adentro hacia afuera. Sean prontos a reconocer lo que Él quiere de ustedes, y rápidamente respóndanle. A diferencia de la cultura que los envuelve, la cual está siempre arrastrándolos hacia abajo, a su propio nivel de inmadurez, Dios saca lo mejor de ustedes, desarrollando una madurez bien definida en ustedes.

Romanos 12:1-2 [The Message]

Que vuestro vivir cotidiano, vuestra vida ordinaria sea de Su agrado.

La adoración es un estilo de vida

Para nuestra reflexión:

1. ¿Estás ofrendando a Dios tu cuerpo como un sacrificio vivo? ¿Cómo?

2. ¿Cómo es que el sacrificio es la clave de la adoración?

3. ¿De qué manera específica, haciendo qué, podrías encaminar tus pasos hacia Dios el día de hoy?

4. ¿A qué, o a quién recurres o buscas más a menudo cuando deseas sosiego y contentamiento?

5. ¿Qué parte de tu mente necesita ser transformada por Dios? ¿Le estás permitiendo hacerlo?

Acerca del autor

Chris Voigt ha sido pastor de Celebration Ministries (Ministerios Celebración) en la iglesia Dayspring Fellowship en Keizer, Oregon a lo largo de los últimos 12 años y es líder de adoración por más de 20 años. También ocupa su tiempo y aparentemente incansable energía y talento dirigiendo el consejo directivo de Worship Northwest, un ministerio creciente enfocado en edificar, equipar y animar los líderes de adoración en las iglesias locales.

Chris dice, "Como un líder de adoración por más de 20 años, he sido testigo de ministerios saludables, y también estériles. A través de todo eso Dios ha desarrollado en mí un deseo de ayudar a otros líderes de adoración a edificar saludables y dinámicos ministerios; a fin de que conduzcamos a los creyentes a amar a Dios con todo su corazón, alma, mente y fuerzas; y como resultado tengamos iglesias que saben y ofrendan adoración.

Chris es un innovador y organizador apasionado y definido en sus propósitos –un líder que sirve con un corazón de pastor. Su deseo ferviente es equipar y desafiar a los creyentes a vivir la adoración como un estilo de vida.

Chris también sirve en el directorio de Friends of Hope (Amigos de Esperanza), y Extra Mile Media (Los Medios de Comunicación, La Milla Extra) y ha servido como presidente del directorio de DELTA Ministries International (Ministerios Internaciónal DELTA). En su tiempo libre es un Asesor de Negocios a través de su compañía Outsource Oregon. Él toca el órgano eléctrico, la guitarra (aunque no toca tan a menudo la guitarra), no niega su preferencia por la Diet Coke, y es esposo de DeeDee, así como padre de dos increíbles adolescentes, Lexi y Josh. Puedes conocer más de él entrando a su página web, www.chrisvoigtworship.com.

Puedes contactarte con él y su ministerio a través de: lori@chrisvoigtworship.com.

Made in the USA
Columbia, SC
30 April 2019